Der Herzenslichtkörperprozess von Jesus
24 Schritte ins Licht

Wir möchten den Leser mit diesem Buch in seinem Bewusstwerdungsprozess unterstützen. Dieses Buch soll ihn informieren und inspirieren. Der Autor und der Verlag können für keinerlei Verluste oder Schäden verantwortlich oder schadensersatzpflichtig gemacht werden, die irgendjemandem direkt oder indirekt durch die in diesem Buch enthaltenen Informationen entstehen.

Kamasha Verlag
Dietershaner Str. 29
36039 Fulda
Tel.: +49 (0) 6 61 - 38 00 02 40
Fax: +49 (0) 6 61 - 38 00 02 49
www.kamasha-verlag.de
www.kamasha.de

Umschlaggestaltung: Kamasha Verlag
Satz und Lektorat: Kamasha Verlag
Druck: Druckerei Sonnenschein, Hersbruck

ISBN 13: 978-3-936767-31-5
Originalauflage August 2010
2. Auflage Oktober 2010

Für dieses Buch wurde ausschließlich Papier verwendet, welches nicht aus dem Regenwald stammt.

Der Herzens-lichtkörperprozess von Jesus

24 Schritte ins Licht

Kamasha Verlag

Inhalt

Vorwort

Liebe Freunde,

ich freue mich sehr, dieses Buch direkt von Jesus empfangen zu haben.

Viele neuen Möglichkeiten können sich durch den Herzenslichtkörperprozess in eurem Leben offenbaren.
In dieser Zeit, in der die Wahrheit des Herzens immer mehr gelebt werden darf und alles eine neue Sichtweise bekommt, beschenkt uns Jesus mit diesen Offenbarungen.
Unser Leben wird leichter, auch wenn wir es jetzt noch gar nicht spüren durch den Herzenslichtkörperprozess.

Seit 2001 haben ca. 5400 Menschen den Lichtkörperprozess nach Erzengel Michael und Jesus und Natara erlebt und ich kann diese tiefe Liebesklärung in eurem Leben jedem empfehlen.
Mittlerweile habe ich 32 Lichtkörperprozess Trainer ausgebildet, die alle die Einweihung in den Herzenslichtkörperprozess erhalten haben.

In diesem Buch entschlüsselt uns Jesus die einzelnen Chakra-Einweihungen und was in der Bibel dazu steht.
Es beginnt ein sehr tiefes Erwachen, wenn wir dieser Kraft von Jesus vertrauen.

Ich danke:

~ Jesus für seine Liebe und Offenheit

~ Meiner geliebten Frau Sandra, deine Schönheit bringt mich immer in die Glückseligkeit

~ Meinen geliebten Kindern Luca, Noah und Maga Delphin Bala Sai für den Tanz des Lebens

~ Sri Bala Sai Baba für die Präsenz der göttlichen Gegenwart auf Erden

~ Dem Kamasha Team für die Herausforderungen in einer spirituellen Firma zu sein

~ Allen Menschen, die die Gnade des Lichts in ihrem Leben integrieren

Mit Liebe und Segen

Natara

Im August 2010

Erklärung zum Aufbau und Inhalt des Buches

Lieber Leser, liebe Leserin,

„Der Herzenslichtkörperprozess nach Jesus" ist in drei Phasen entstanden.

DER ERSTE TEIL wurde von Natara alleine gechannelt und ist nicht, so wie Teil zwei und drei, im Rahmen eines Seminars entstanden. Er enthält die Erklärungen von Jesus zu den ersten zwölf Chakren und seine Richtigstellungen zu den entsprechenden Stellen in der Bibel.

DER ZWEITE TEIL ist eine leicht gekürzte Zusammenfassung der Channelings, die Jesus während des Seminars „Lichtkörperprozess intensiv, Chakra 13 – 24" durch Natara gesprochen hat. Dieser Kurs fand zum ersten Mal im Oktober 2009 auf der spanischen Insel La Gomera statt und Jesus bezieht sich in seinen Aussagen teilweise direkt auf die Seminarteilnehmer. Seine Erklärungen zu den Chakren und was passiert, wenn sie aktiviert werden, besitzen jedoch allgemeine Gültigkeit.

DER DRITTE TEIL besteht aus den Channelings des Oster-Retreats von 2010 „Zeit der Auferstehung". Da sich Jesus hier häufig zu den Geschichten der Bibel äußert und die Themen des Lichtkörperprozesses aufgreift, sind diese Aufzeichnungen eine schöne Ergänzung.

Der Kamasha Verlag wünscht viel Freude und Erkenntnis beim Lesen.

Erster Teil

CHAKREN 1 – 12

Jesus zum Lichtkörperprozess 1-12

Wo zwei oder drei in meinem Namen versammelt sind, da bin ich mitten unter ihnen.

Meine geliebten Brüder und Schwestern.

Wie wundervoll, dass ihr dieses Schriften wieder erfahrt, dass diese Schriften zu euch gekommen sind; diese Wahrheitszeugnisse, um euch wachzurütteln, um euch wieder teilhaben zu lassen an der wirklichen Realität von Jesus.

Diese ersten zwölf Chakren sind aufgeführt, sind im Vergleich zu den Chakren 13 bis 24 viel leichter erzählbar, weil sie euch noch so präsent sind von den Überlieferungen, Überlieferungen, Überlieferungen in dem Buch der Bücher. Diese ersten zwölf Chakren sind sehr einfach beschrieben und sehr klar und kraftvoll werden sie euren Weg begleiten.

Und die Lehre von Jesus ist wirklich: „Liebe dich so, wie du andere liebst". Das ist die Grundlage aller Gleichnisse, aller Geschehnisse meines Werkes, das ich euch hinterlassen habe. Und dass es so viele Verfälschungen gegeben hat, dass es so viele Irritationen und Dogmen eurem Körper und eurer Seele auferlegt wurden, das war niemals meine Absicht. Und deshalb: Lest diese Schriften von Herzen und nicht aus dem Verstand. Denn der Verstand gibt immer seine Urteile, seine Verurteilung.

Doch das, was hier geschrieben ist, was in diesen nächsten Kapiteln und auf den nächsten Buchseiten steht, ist mit dem Verstand nicht mehr zu begreifen, sondern nur mit dem Herzen. Und das möchte Jesus dir nochmals mitteilen: du darfst vertrauen, du darfst dir vertrauen, du darfst deinem Herzen vertrauen, du darfst deinem Weg vertrauen. Denn Jesus möchte nichts wichtigeres, als dass ihr euren Weg des Herzens geht und diese hier an euch gegebenen Schriften sollen euren Weg vervollkommnen. Und der Lichtkörperprozess ist ein Weg, den Jesus millionenfach angewendet hat, um euch zur Befreiung zu führen.

Jesus liebt euch unermesslich. Lasst diese Tage, in denen ihr euch jetzt befindet, die Tage der Leichtigkeit und der Erneuerung sein. Denn dieses Buch wird dich erneuern, diese Schriften werden dich erneuern. Jesus ist der Weg, die Wahrheit und das Leben. Keiner kommt zum Vater, denn durch ihn.

1. Chakra

Die Fußwaschung: Segnung des Erdungswegs

Wo zwei oder drei in meinem Namen versammelt sind, da bin ich mitten unter ihnen.

Meine geliebten Lichtfreunde, Jesus ist in dieser Nacht, an diesem Abend zu euch gekommen, um mit euch das Wissen des Lichtkörperprozesses zu manifestieren auf Mutter Erde, denn Jesus hat den Lichtkörperprozess initiiert, Jesus hat den Lichtkörperprozess manifestiert, Jesus hat den Lichtkörperprozess auf Mutter Erde gelehrt.

Schon damals war es mein Auftrag, dieses Wissen auf Mutter Erde zu bringen. Doch jetzt in dieser Zeit können wir viel mehr Menschen erreichen, können wir viel mehr in die Kraft bringen und in Bewegung setzen, denn ihr alle, die dieses Buch lest, ihr alle seid aufgerufen: Setzt etwas in Bewegung mit eurem Leben und wenn ihr den Lichtkörperprozess manifestiert, dann setzt ihr alles in Bewegung! Zweihundert Jahre nach hinten und zweihundert Jahre nach vorne.

Macht euch dieses Ausmaß bewusst, wie leicht euer Leben wird, wie euer Leben in die Kraft und in die Schönheit gebracht wird, wie sich euer Leben in einer neuen Energie der Schönheit manifestiert.

Denn mit dem Lichtkörperprozess, so wie Jesus ihn gelehrt hat, den Herzenslichtkörperprozess, werden alle Bänder, alles was in diesen zweihundert Jahren deiner Vergangenheit, in all den sieben vorangegangenen Generationen nicht gut lief, erlöst und gelöscht. Alles was in den sieben Generationen an Negativem auf dein Leben wirkt, wird gelöst und gelöscht, auch alles was dreihundert Jahre nach vorne wirkt und mehr. Denn sieben Generationen nach vorne sind mittlerweile 70 bis 80 Jahre mal sieben Generationen, das sind weit mehr als dreihundert Jahre und deshalb legt wirklich Jesus jedem diesen wundervollen Lichtkörperprozess ans Herz, um wirklich wieder eins zu werden. Mit dem Herzen eins zu werden, mit der Erde eins zu werden, mit dem Kosmos.

Das erste Chakra. Wenn dieses Chakra vertikalisiert wird, geschehen ganz viele wundervolle Dinge. Du wirst wirklich eins mit Mutter Erde, du wirst den Pulsschlag von Mutter Erde spüren und du wirst die Kraft von Mutter Erde wieder in jeder Zelle erfahren. Das erste Chakra, wenn es gereinigt wird, ist in der Kraft, dass du dich wirklich ganz mit Mutter Erde verbunden fühlst, dass du deinen Lebenswillen wieder aktivierst, dass du deine Lebensenergie und die Kraft der Schönheit deines Körpers wieder erlebst.

Das gereinigte, vertikalisierte erste Chakra bringt Frieden und Leichtigkeit in dein Leben, bringt Kraft und Würde in dein Leben und bringt dir Schönheit in deinen Körper, so dass du wirklich die Schönheit von Mutter Erde in dir aufnehmen kannst. Und dass du die Kraft von Mutter Erde, diese bedingungslose Kraft, wirklich in jeder Zelle deines Körpers wieder spürst. Dass du wirklich verbunden bist mit Mutter Erde.

Als ich, als Jesus auf Mutter Erde weilte, kamen viele Menschen zu mir und ein Ritual, das ihr alle kennt, war die Fußwaschung. Die Fußwaschung bedeutete, dass wir wirklich rein auf Mutter Erde wandeln und das ist der Ausdruck des ersten

Chakras. Mit der Fußwaschung habe ich den Erdungsweg der Jünger gesegnet.

Das erste Chakra zu vertikalisieren und zu reinigen ist wirklich die Energie, die euch bekannt ist aus dem Buch der Bücher, die Fußwaschung, dass ihr wirklich mehr und mehr euren Lebensweg geht. Dass ihr mehr und mehr eure Kraft auf Mutter Erde verankert und dass ihr mehr und mehr eure Würde, eure Lebenswürde, wieder manifestiert. Darum geht es in dem ersten Chakra und das ist meine Energie, warum diese Fußwaschung stattgefunden hat.

Wenn ihr Menschen den Weg ebnen und ihnen die Vergangenheit abwaschen wollt, so ist das die Reinigung des ersten Chakras. Ich habe vielen Menschen das erste Chakra gereinigt und vertikalisiert und das wird mit der Fußwaschung dargestellt, neue Wege zu gehen, neue Lebenswege zu segnen, neue Wege der Liebe und Harmonie zu manifestieren.

Es ist wundervoll, dass du diese Worte jetzt liest, damit es wirklich leicht wird in deinem Leben, damit du ankommst, damit du dich erfährst, damit du deinen Lebensweg, deine Lebenskreativität und deinen Weg mit der höchsten Fülle gehen kannst.

Denn wenn du nicht den Kanal von dir zu Mutter Erde geöffnet hast, dann erfährst du auch Mangel in deinem Leben. Doch wenn du die Kraft und die Liebe manifestierst und dein erstes Chakra vertikalisiert und gereinigt ist, dann erfährst du die Fülle des Lebens. Und Mutter Erde beschenkt dich mit allem, was sie hat. Mutter Erde beschenkt dich mit allem, was sie liebt. Mutter Erde beschenkt dich mit allem, was du liebst. Entdecke dich! Entdecke dich in diesem ersten Chakra und lass wirklich die Liebe fließen und komm auf Mutter Erde an. Komm auf die Erde! Sei präsent. Du hast gewählt, diesen Körper anzunehmen. Kämpfe nicht länger mit der Segnung deines Weges, dann wirst du lernen in Leichtigkeit auf Mutter Erde zu leben.

Jesus segnet dich in Liebe und dankt dir für dein Vertrauen.

2. Chakra

Die Wanderung zum Ölberg: Befreie Sexualität und Kreativität

Meine Geliebten, ihr erfahrt so viel Gutes, wenn ihr euch einlasst.

Jesus begegnet euch heute mit dem zweiten Chakra. Das Chakra der Sexualität, das Chakra der Würde, das Chakra der Vereinigung, das Chakra der bedingungslosen Liebe miteinander, mit dir selbst, das Chakra aus dem die Gefühle entstehen. Es steht auch für deine Kreativität, in dem du dich auf Mutter Erde immer wieder neu gebärst.

Wenn das zweite Chakra gereinigt und vertikalisiert ist, sind alle Grenzen weggesprengt, dann sind alle Grenzen erlöst, die du in deiner Sexualität aus der Vergangenheit und der Vergangenheit deiner Ahnen erlebt hast. So dass du wieder eine befreite Sexualität, eine Sexualität in Liebe, in Würde und in Schönheit mit deinem Partner leben kannst.

Jesus hat auch in dem Leben als Jesus mit einer Frau, mit seiner Seelenpartnerin, mit seiner Seelendualität Maria Magdalena, heilige Sexualität gelebt. Deshalb ist es so wichtig, dass ihr euch wieder mit der Kraft der Sexualität verbindet. Denn wenn Sexualität befreit ist, dann könnt ihr wirklich in der Liebe manifestieren, dann könnt ihr euch in der Liebe begegnen. Und Jesus hat auch die tantrische Liebe erfahren, hat große Einweihungen erfahren in dieser Verbindung zwischen Mann und Frau. In eurer Zeit gilt das auch für Frau und Frau, Mann und Mann - das ist sehr wichtig, niemanden auszugrenzen.

Ein reines zweites Chakra, gereinigt und vertikalisiert, bedeutet, dass ihr in Freiheit, in der Liebesenergie schwingt und eure Lebenskreativität in allem lebt und dass eure Kreativität in der Musik, im Tanz wieder zu sprudeln beginnt.

Es ist sehr wichtig, dass ihr wirklich die Reinheit und die Reinheit eurer Gedanken mit der Energie der Sexualität verschmelzen lasst, denn so viel Sexualität wird in euren Gedanken gelebt, nicht in eurem Herzen und nicht in eurem Körper, sondern ihr lebt die sexuellen Gedanken und das ist nicht und niemals die befreite Energie. Kreativität ist weitab, fernab von jeglichem Gedanken, der euch schadet. Kreativität ist spontan, gelöst, gelassen. Alles, was euch in diesen zweihundert Jahren daran gehindert hat, eure Kreativität zu leben, wird in der Reinigung und in der Vertikalisation des Chakras gelöst.

Geht wirklich mit euch, mit eurem Körper ganz achtsam um und findet die bedingungslose Energie in der Sexualität wieder. Stellt in der Energie der sexuellen Verbindung keine Bedingung. Lasst alles fließen. Lasst alles in Schönheit fließen und lebt das Zusammensein. Lebt eure Kreativität in dem Zusammensein, denn dann könnt ihr aus der Lebensfreude schöpfen. Unendlich.

In eurem Buch der Bücher wird diese Kreativität, diese Einweihung, dargestellt als die Wanderung zum Ölberg, bei der jeder wirklich seine Kreativität lebt auf diesem Weg zu sich selbst. Dieser Weg zum Ölberg ist wirklich der Weg zu sich selbst, zu der eigenen Sexualität, zu der eigenen Kreativität. Es ist der Weg, auf dem „Ja" zum Leben gesagt wird, „Ja" zu der eigenen Lebenskreativität. Das ist der Weg zum Ölberg. Das ist der Weg zum richtigen Leben. Das ist der Weg, auf dem wir alle zusammen in die Kraft gekommen sind, wo ihr wirklich ins Handeln gekommen seid. Denn wenn ihr mit dem vertikalisierten ersten Chakra euren Weg segnet und in der zweiten Einheit die Energie der Kreativität manifestiert, geht es immer leichter auf eurem Weg, geht es immer stärker um die Gelassenheit, um die Kreativität in der Sexualität ohne Bedingung.

Diese Wanderung auf den Berg bedeutet, die Kraft der Kreativität zu nutzen, die Kreativität einzuladen, die Kreativität von Schönheit, von Glanz, von göttlichem Glanz wirklich zu leben, um da zu sein, um das Licht zu manifestieren, um die Freude zu manifestieren, um das Licht in alle Zellen zu bringen. Und wir sind nicht nur einmal gegangen durch das Feuer der Liebe. Jesus hat euch oft mitgenommen in das Feuer der Liebe, um wirklich euer Ego zu befreien. Und dafür hilft euch die Kreativität und die Wanderung zu euch selbst. Nicht auf irgendeinen Berg, nicht zu dieser Zeit. Jesus geht mit euch weiter. Bleibt dran. Bleibt in der Demut. Kein spirituelles Ego bringt euch zur Erleuchtung. Jesus segnet dich.

3. Chakra

Jesus Ansprache an die Gelehrten: Lebenskraft

Meine geliebten Lichtgeschwister. Jesus ist da, um mit euch in die Lebenskraft des dritten Chakras einzutauchen, denn das dritte Chakra ist das Chakra der Lebenskraft. Es ist das Chakra der Erneuerung.

Denn wenn ihr euer Leben erneuert und das in jedem Atemzug bewusst tut, dann seid ihr so was von frei und ein befreites, vertikalisiertes drittes Chakra macht euch frei, macht euch ganz frei, macht euch von allen Süchten, von allem, was eure Lebenskraft behindert, frei. Und das ist der Hintergrund des Textes, den ihr in eurer Vergangenheit vielleicht irgendwann gelesen habt: „Jesus ist der Weg, die Wahrheit und das Leben. Keiner kommt zum Vater, denn durch ihn."

Das befreite dritte Chakra bedeutet, wirklich keine Müdigkeit mehr zu verspüren. Wirklich, du kannst handeln aus deinem Bewusstsein und Jesus ist der Weg, die Wahrheit und das Leben. Keiner kommt zum Vater, denn durch ihn. Das bedeutet: „Du übernimmst die volle Verantwortung für dein Handeln und gehst wirklich deinen Weg."

Das dritte Chakra festigt deinen gesegneten Weg wirklich aus deiner Lebenskraft heraus, denn das dritte Chakra ist wirklich das Entdecken des Lebens. Es ist wirklich das Entdecken in seiner tiefsten Energie.

Und geht immer tiefer in das Bewusstsein von Freiheit, denn das befreite dritte Chakra löst dich von allen Depressionen, löst dich von allen Energien, die dich und deine Ahnen in der Vergangenheit zweihundert Jahre belastet haben, all das wird in Frieden gebracht.

In der Geschichte, im Buch der Bücher, wird es dargestellt als die Situation, in der ich als Kind in meinem kleinen Körper mit den Gelehrten gesprochen habe. Das war meine Freiheit. Angeblich war es der Moment, in dem mich meine Eltern gesucht haben. Darum ging es gar nicht. Es ging um meine Kraft, um meine Freiheit. Es hat mich niemals irgendwo jemand gesucht, sondern es geht um die Darstellung der Freiheit eines Kindes. Ein Kind lässt sich leiten von dieser Freiheit.

Und das ist dein geöffnetes, vertikalisiertes drittes Chakra. Lass dich leiten vom Leben. Lass dich fließen vom Leben. Lass dir keine Dogmen mehr aufsetzen. Lass dir keine Energie der Freude und der Liebe mehr nehmen.

Wenn in dem Buch der Bücher wirklich steht: Meine Eltern hätten mich gesucht, um mich zu beschützen und ich hätte bei den Gelehrten gesessen, so ist das der Ausdruck von: „Folge deiner Kraft, folge deiner Lebensenergie, folge deinem gesegneten Lebensweg mit der Kreativität und mit der Schönheit in der Freiheit deiner Lebenskraft."

Es ist so wichtig, dass ihr dieses alles erfahrt, damit ihr diesen Herzenslichtkörperprozess noch viel mehr begreifen könnt, um euren Weg ganz zu vervollkommnen. Um euren Weg ganz zu manifestieren. Um euren Weg in Würde und in Freiheit zu gehen.

Denn ihr kommt alle aus einem so reinen göttlichen Bewusstsein und der Lichtkörperprozess macht euch dessen wieder bewusst.

Jesus hat über dieses Thema „befreite Lebenskraft" so lange gesprochen. Befreite Lebenskraft bedeutet wirklich, ihr dürft euch fallen lassen. Ihr dürft euch Raum geben. Ihr dürft euch lieben, so wie ihr seid. Ihr dürft mit euren Engeln reden. Ihr dürft mit den anderen Wesen aus der Lichtwelt reden und Kontakt haben.

Wirkliche Lebenskraft vereint. All eure Zellen werden zu Licht, wenn ihr eure Lebenskraft wirklich zu hundert Prozent in eurem Körper auf Mutter Erde lebt. Da ist nichts, was euch mehr trennt vom Kosmos, wenn ihr wirklich die befreite Lebenskraft erfahrt.

Und ich, Jesus, habe von Anfang an die Menschen gelehrt, und nicht erst mit meinem Tod, sondern schon immer war mir die Begegnung von Herz zu Herz am wichtigsten mit jedem Lebewesen. Und in eurem Buch der Bücher wird dies so dargestellt, als wollte ich irgendwelche Gelehrten belehren. Das war nicht meine Aufgabe, sondern es geschah durch das befreite Solarplexus Chakra. Frei zu sein in Freude, in Würde und auch in der Vergänglichkeit. Denn alles ist in eurem Leben so vergänglich. Doch diese Energie, die wir euch hier übermitteln, die Jesus euch in diesem Buch mitgibt, die bleibt und die ist jetzt so stark, wie nie zuvor.

Jesus liebt euch. Tragt eure Lebenskraft in die Welt und lasst euch tragen und leiten von der Liebe und vom Leben und nicht vom Verstand.

Jesus ist der Weg, die Wahrheit und das Leben. Keiner kommt zum Vater, denn durch mich.

4. Chakra

Heilung durch Mitgefühl

Meine geliebten Lichtfreunde. Jesus ist da, um mit euch die Kraft des vertikalisierten und gereinigten vierten Chakras zu feiern, denn das vierte Chakra ist die befreite Lebendigkeit, ist die allumfassende Liebe, ist die bedingungslose Liebe, die mit jedem Lebewesen geteilt wird.

Das befreite, gereinigte vertikalisierte Herzchakra ist die Erleuchtung im Herzen. Denn wenn ihr in dieser Kraft seid, so entsteht ein neues Feld der Liebe und auch ein neues Umfeld, denn viele können diese Liebe, die ihr jetzt zur Verfügung habt, nicht mehr ertragen. Entweder sie öffnen sich der Liebe oder sie gehen aus eurem Leben. Das geschieht oft in dieser Energie des vierten Chakras.

Das befreite, gereinigte vertikalisierte Herzchakra macht dich wirklich zu einem Leuchtfeuer, lässt dich in Liebe und Schönheit auf Mutter Erde sein. Und du wirst mit jedem Menschen Mitgefühl erfahren. Du wirst mit jedem Menschen Mitgefühl leben. Du wirst mit jedem Menschen Geborgenheit und Liebe erfahren. Mit jedem Lebewesen auf eurem Planeten. Auf eurem Planeten Erde wirst du diese Energie in Schönheit und in Kraft erfahren.

Das befreite vierte Chakra wird dich in eine Leichtigkeit bringen, die dir wirklich Tür und Tore öffnet, indem du ganz in deine Energie gehst, indem du ganz zu dir stehst, indem du ganz zu deinem göttlichen Wesen, zu deinem göttlichen Kern stehst.

Das war Jesus größte Aufgabe, euch in das Herz einzuweihen, die Eisenstangen und all das, was in den zweihundert Jahren erlebt wurde, wirklich zu brechen und in die Liebe zu gehen, denn dort ist unsere Verbindung. Dort ist unsere Kommunikation, in der befreiten, vertikalisierten vierten Chakraenergie ist die Kraft und die Freude und vor allem auch das Mitgefühl.

Und Jesus wird so oft in dem Buch der Bücher als großer Heiler dargestellt. Es ging nur um mein Mitgefühl, das ich den Menschen dargebracht habe. Dass ich ihnen die Hände aufgelegt habe und sie gestreichelt habe. Dass ich den Körper berührt habe. Das war mein Mitgefühl, das mich selbst in dem Leben als Jesus zu einem großen Meister gemacht hat.

Deshalb ist es wirklich wichtig, dass ihr mit dem befreiten, vertikalisierten Herzchakra euer Mitgefühl lebt, denn dann könnt ihr durch die Berührung von Menschen, Tier und Pflanzen alles erlösen. Und das geschieht durch das gereinigte vertikalisierte Herzchakra, dass ihr mit euch in Liebe seid, dass ihr mit euch Mitgefühl habt, und dann geschieht das große Wunder, dass sich diese Liebe ausbreitet.

Wenn ihr zu euch steht, zu eurem Wirken steht, zu dem Lichtkörperprozess steht, dann werden sich hier wirklich viele Menschen in eurem Leben verabschieden, aus eurem Leben gehen. Doch es werden viele Neue kommen, die wirklich euer Herz sehen, die eure Liebe sehen und die euer Mitgefühl annehmen.

Hier, in diesem Chakra, erfahrt ihr Mitgefühl und nicht das gelebte Mitleid. Und alles, was in den zweihundert Jahren leidvoll war, woran eure Familie, eure sieben Generationen gelitten haben, wird erlöst. Damit ihr wirklich das große Ganze erfahrt, damit ihr die Herzenserleuchtung erfahrt, damit ihr die Herzensliebe erfahrt, damit ihr die große Energie des Lebens erfahrt.

Und Jesus ist da, um euch dieses große Wissen zu vermitteln. Um euch diese große Liebe und die große Leichtigkeit mitzugeben. Denn so oft werde ich in dem Buch der Bücher als Heiler dargestellt, als der Erlöser. Doch ich kann nur erlösen, wenn ihr offen seid für das Mitgefühl, wenn ihr offen seid für diese Gnade, die jedem zuteil wird.

Und ich habe die Menschen berührt mit meinem Herzen, in dem ich ihnen zugehört habe, in dem ich ihnen Mut zugesprochen habe, in dem ich ihnen wirklich ihr Leben gesegnet habe durch den Lichtkörperprozess und durch das Mitgefühl.

Dieser Weg ist so einfach und so tief. Nehmt ihn wirklich an. Geht den Weg des Herzens. Geht den Lichtköperprozessweg. Lasst wirklich das Leben in Liebe und Vertrauen zusammen sein. Lasst die Schönheit des Herzens miteinander schwingen und singen und das bringt euch auch in die göttliche Gemeinschaft.

Entdeckt immer eine neue Energie, entdeckt immer ein neues „Ja" zum Leben, entdeckt immer eine neue Schönheit durch euer gereinigtes, vertikalisiertes Herzchakra.

Und es ist eines der schwierigsten Chakren, denn es ist in der Vergangenheit so zugemacht worden, in euren Ahnen, in euren Familien, zweihundert Jahre zurück.
Und jetzt geht es auf.

Lasst es zu und Jesus ist dabei.

Segnet euch, liebt euch und lasst Mitgefühl immer da sein, wenn ihr anderen Lebewesen begegnet.

Lebt Mitgefühl.

5. Chakra

Die Bergpredigt: Einweihung in das Kehlchakra

Meine geliebten Freunde der Einheit. Jesus ist da, um mit euch die Kraft und das Wissen des fünften Chakras zu manifestieren. Denn das befreite, vertikalisierte fünfte Chakra bringt euch in eine neue Ebene der Kommunikation.

Jesus hat ständig, als ich in meinem Körper war, gesprochen, mit eurem Herzen gesprochen und nicht mit eurem Verstand, um euch wirklich in eine neue Kommunikation zu bringen. Die befreite, vertikalisierte fünfte Chakraenergie bringt euch in die Freiheit der Kommunikation, bringt euch in die Liebesschwingung der Kommunikation, bringt euch in die Reinheit der Kommunikation, bringt euch in die Fülle der Kommunikation, bringt euch in die Herzenskommunikation.

Denn ihr alle seid Kommunikation. Ihr alle seid verbunden. Jede Zelle eures Körpers kommuniziert miteinander. Und wenn ihr befreit kommuniziert, könnt ihr alles sagen, aus der Liebe heraus bestimmt und gütig, doch ihr könnt wirklich alles sagen, was ihr sagen wollt, denn damit müsst ihr nichts mehr, gar nichts mehr runterschlucken. Ihr werdet nicht mehr belogen, weil ihr nicht mehr lügen könnt. Und ihr spürt sofort, wenn euch jemand die Unwahrheit sagt.

Und geht in die Kommunikation der Liebe. Eure Ahnen, eure sieben Generationen durften so wenig sagen. Doch ihr springt für eure Ahnen. Geht in die Liebeskommunikation, geht in die Kraft, geht in eure Schönheit.

In der Bergpredigt, diese Rede, die Jesus gehalten hat, ging es rein und alleine um die reine Kommunikation. Es ging um die Verbindung. Es ging um das Wort. Aus der Kommunikation entstehen Wörter. Und ihr könnt so viel zerstören mit Wörtern und auch lieben mit Wörtern. Und das Wort entsteht aus der Kommunikation. Deshalb lasst eure Wörter bedacht und mit Würde aus dem Herzen nach außen dringen durch eure Stimme. Lasst diese Energie wirklich fließen.

Die Bergpredigt war die Einweihung in das Kehlchakra, in das befreite, gereinigte, vertikalisierte Kehlchakra. Es ging darum, aufbauend zu sprechen, zu kommunizieren, aufbauende Worte, kraftvolle Worte und bestimmende Worte zu sagen.

Und lasst euch nicht kleinmachen, denn ihr geht Verbindungen ein mit den Menschen, denen ihr nicht die Wahrheit sagt. Ihr geht Verbindungen ein mit den Menschen, bei denen ihr runterschluckt.

Und mit dem Lichtkörperprozess können diese Verbindungen nicht mehr gesetzt werden, weil ihr sprecht.

Und alle Bänder, die ihr seitdem durch das Runterschlucken mit den Menschen manifestiert habt, werden durch die Reinigung, durch die Vertikalisation gelöscht, gelöscht, gelöscht. Damit ihr wirklich frei, kraftvoll, würdevoll und wirklich auch in einer Dynamik kommuniziert.

Ihr könnt nichts mehr verlieren. Ihr könnt nur noch gewinnen. Ihr könnt nur noch mit Freude, mit Leichtigkeit, mit Kraft gewinnen. Wann immer ihr etwas runterschluckt, habt ihr keine Lebenskraft. Ihr verliert Lebenskraft. Denn dieses

Schlucken wird gespeichert und diese Bänder bleiben bestehen. Doch durch den Lichtkörperprozess werden diese Bänder gelöscht zu den Menschen und ihr könnt sprechen. Ihr könnt frei sprechen. Voller Liebe, voller Leichtigkeit und ohne Müdigkeit könnt ihr wirklich sprechen, könnt kommunizieren. Und Jesus hat wirklich immer wieder kommuniziert, hat euch aufgefordert zu kommunizieren.

Und Jesus hat euch durch das befreite Kehlchakra in die Kraft gebracht. Denn dann geht ihr auch so liebevoll und würdevoll in die Kommunikation mit euch selbst, mit allem, was ihr erfahrt. Ihr bringt dann euer Mitgefühl in die Kommunikation und zum Ausdruck.

Es ist so ein wichtiger wertvoller Weg, dieser Lichtkörperprozess des Herzens. Lebt ihn, seid da, handelt jetzt und begebt euch in euer Feld der Liebe, der Manifestation und gebt euch selbst Ausdruck durch die Kommunikation.

Jesus segnet euch. Lasst die Bewegung zu und gebt den Raum der Kommunikation nie wieder ab.

6. Chakra

Jesus beruhigt den Sturm: Das vollständig geöffnete dritte Auge

Meine geliebten Freunde des Herzens. Jesus möchte euch in dieser Einheit die Kraft und die Dimension des sechsten Chakras erfahren lassen.

Das gereinigte, befreite sechste Chakra ist die Intuition, ist die Wahrnehmung, ist das Gelebte erfahrbar machen. Wahrnehmen – wirklich wahrnehmen - bedeutet, zu erkennen. Das sogenannte dritte Auge ist das Zentrum des klaren Sehens. Es ist das Zentrum der Intuition, ist das Zentrum der Offenbarungen. Und Jesus hat euch so viel offenbart, hat euch so viel gelehrt, hat euch so viel mitgegeben, als wir alle zusammen damals auf Mutter Erde inkarniert waren.

Das gereinigte, vertikalisierte sechste Chakra bringt Frieden in euer Leben. Die Hast hört auf. Ihr braucht nichts mehr zu suchen. Ihr könnt da sein, euch freuen und in die Liebe gehen.

Jesus hat das hundertprozentig geöffnete dritte Auge gehabt und das Gleichnis, das in dem Buch der Bücher steht, die Geschichte zu diesem Ereignis, ist die Beruhigung des Sturmes. Wind machen und Wind erlösen, geschieht über das dritte Auge. Wenn das dritte Auge gereinigt und vertikalisiert ist, dann könnt ihr alles mit eurem dritten Auge beschleunigen oder verlangsamen und in dem Buch der Bücher steht, Jesus hat den Sturm, den Wind gebändigt. Doch das ist die Einweihung in das dritte Auge gewesen, die Kraft der Liebe anzunehmen und die Elemente zu beherrschen. Das geschieht mit der Einweihung in die Kraft des dritten Auges, dann offenbaren sich die Elemente. Dann könnt ihr wählen, bewegen, könnt ihr Wind bewegen oder stoppen. Könnt ihr Regen bewegen oder stoppen. Und mit dem gereinigten, vertikalisierten sechsten Chakra könnt ihr wahrnehmen.

In dem Buch der Bücher steht: „Jesus beruhigte den Sturm." Dies bedeutet, die volle Aufmerksamkeit mit eurem dritten Auge auf den Wind zu lenken und ihn zu stoppen. Das ist damit gemeint: Die Kraft des dritten Auges, die Kraft des befreiten, vertikalisierten sechsten Chakras, deine Intuition und deine Kraft zu leben.

Und Jesus hat es so oft gemacht, um euch zu lehren, um euch zu zeigen, was wirklich möglich ist in dieser Zeit auf Mutter Erde. Und jetzt werdet ihr es noch viel mehr und öfter anwenden dürfen, wirklich die Elemente zu beherrschen. Dies geschieht mit dem gereinigten, vertikalisierten sechsten Chakra.

Doch es ist eine große Energie des Vertrauens nötig für euch, dass es wirklich wirkt - und übt es. Dass ihr wirklich den Wind, das Meer, die Elemente beherrscht und nicht die Elemente euch beherrschen. Das ist die Energie des sechsten Chakras. Und es haben in eurer Zeit viele Ahnen, die hinter euch stehen, versucht, die Elemente zu beherrschen. Doch sie haben sich verbrannt. Sie haben es nicht aus reinem Herzen gemacht. Wenn du es machen willst, tue es ohne Absicht, aus reinem Herzen. Verwende es immer für das große Ganze und gebe einen ganz klaren Auftrag, einen ganz klaren Auftrag.

Das befreite, vertikalisierte sechste Chakra ist das Tor für neue

Dimensionen, um neue Welten zu sehen und geht weiter, bleibt nicht stehen. Erkennt in allem eure Liebe, entdeckt in allem eure Kraft. Entdeckt in allem eure Schönheit. Jesus ist da.

Lernt die Elemente, die ganz wichtig sind in eurem Leben und für Mutter Erde, zu beherrschen; und das geschieht mit dem vertikalisierten, gereinigten sechsten Chakra.

So wie es in dem Buch der Bücher steht: Jesus beruhigte den Sturm. Doch dafür ist es wichtig, euren Lebenssturm erst einmal zu beruhigen, eure Lebenshast zu beruhigen, euren Stress aus eurem Leben zu bringen, um wirklich in dieser Kraft in der Quelle der Offenbarung, der Quelle der Intuition anzukommen.

Und seid wirklich bereit dafür, für diese große Aufgabe, für diese große Gnade und das vereinfacht sehr, sehr viel, wenn ihr eurer Intuition und eurem Weg wieder vertrauen könnt, wieder Vertrauen erlebt, wieder Vertrauen manifestiert. Denn mit der Intuition wird euer Leben viel leichter. Manchmal auch schwieriger, weil ihr viel mehr voraussehen könnt. Weil ihr vielmehr hellsichtig werdet, weitsichtig werdet. Dann könnt ihr in die Weite schauen, mit eurem bereinigten, vertikalisierten sechsten Chakra.

Und das ist die Kraft, das ist die Offenbarung, wirklich mit Liebe, mit bedingungsloser Liebe über die Elemente zu herrschen. Und tut dies. Probiert es aus. Gebt euch wirklich die Kraft, die euch zusteht. Und seid bereit für diesen großen Wandel, der jetzt ansteht in eurem Leben, für euer Leben.

Aus der Tiefe des Herzens grüßt euch Jesus. Arbeitet mit den Elementen. Macht sie euch zu Freunden, um dann wirklich mit der Kraft des dritten Auges in Verbindung mit der Liebe, die Winde, die tobenden Meere zu stoppen, zu beruhigen, zu besänftigen. Jesus lädt euch ein, dabei zu sein in dieser Zeit und das kraftvolle Potenzial eures Lebens voll auszuschöpfen.

7. Chakra

Die Dornenkrone: Spiritualität ganz integrieren

Meine geliebt Lichtfamilie. Wo Zwei oder Drei in meinem Namen versammelt sind, da bin ich mitten unter ihnen.

Jesus ist zu euch gekommen, um mit euch die Kraft und die Liebe mit dem vertikalisierten, gereinigten siebten Chakra zu feiern.

Das siebte Chakra ist die Krone, das Kronenchakra, das Tor zum Kosmos. Die Krone, die Energie, lädt euch ein, mit dem Kosmos immer in Verbindung zu sein, mit der Kraft des Kosmos immer mit eurem Körper in Verbindung zu sein. Das ist die befreite, vertikalisierte Energie des siebten Chakras: Wirklich immer mit allem verbunden zu sein, mit der kosmischen Energie, mit dem großen Bewusstsein der Liebe des Kosmos.

In dem Buch der Bücher ist diese Energie beschrieben mit der Dornenkrone, die man mir angeblich in und auf das Kronenchakra gesetzt hat. Es war immer eine Ehre, einen Blumenkranz auf dem Kopf zu tragen, als Zeichen der Verbundenheit, einen Blumenkranz als Zeichen der Liebe zum Kosmos.

Doch ich, Jesus habe niemals eine Dornenkrone getragen in dieser Form, wie es in dem Buch der Bücher steht. So hätte niemals der Kosmos durch mich wirken können – mit einer Dornenkrone. Eine Dornenkrone schneidet das Bewusstsein ab.

Doch in unserer Zeit, als Jesus unter euch weilte auf Mutter

Erde, haben wir oft Blumenkränze auf dem Haar - auf dem Kronenchakra - getragen, um die Verbundenheit mit dem Kosmos und mit Mutter Erde zu feiern und zu erleben.

Und das geöffnete, gereinigte, vertikalisierte siebte Chakra bedeutet, die Kraft des Kosmos in jeder Zelle eures Körpers zu tragen. Es ist eine große Leichtigkeit in eurem Leben zu spüren und die Spiritualität wird ganz integriert in eurem Leben mit dem geöffneten siebten Chakra, dem Kronenchakra.

Die Krone, das Bewusstsein des Kosmos dringt durch die Krone in euren Körper ein. Und deshalb geht immer mehr den Weg der Spiritualität und diese Einweihung in das Kronenchakra hilft euch ganz groß den kraftvollen Weg der Spiritualität leicht zu gehen.

Jesus hat euch so viel gelehrt, hat euch so viel erleichtert und wollte wirklich, dass ihr in eine neue Dimension mit mir geht. Doch was daraus wurde, seht ihr, dass jetzt diese Energie des Lichtkörperprozesses in dem Buch der Bücher so verfälscht wurde und Jesus jetzt wieder diese Energie auf Mutter Erde bekannt gibt, was wirklich in der Bibel über den Lichtkörperprozess verschlüsselt und verfälscht steht.

Doch alles wird durchlichtet, alles kommt in eine neue Kraft, alles ist in einer neuen Energie des Lichts und der Liebe. Geht wirklich kraftvoll mit eurem Körper um, denn ihr alle seid auf dem Weg, jetzt in ein neues Bewusstsein einzutreten.

Das gereinigte, vertikalisierte siebte Chakra bringt euch Leichtigkeit, bringt euch Vergebung mit allem, was in eurem Leben geschehen ist und stärkt euer Leben in Klarheit. Dass ihr euch angeschlossen fühlt, dass ihr euch verbunden fühlt mit dem Kosmos. Dass ihr euch wieder wahrnehmt. Dass ihr alle Teil des göttlichen Plans seid, dass ihr alle göttlich seid und dass ihr alle den göttlichen Weg geht.

Und in dem Buch der Bücher ist dies dargestellt mit der Dornenkrone, das durchbohrte Kronenchakra, das verletzte Kronenchakra, durch das nichts mehr dringen konnte, was die Abgeschnittenheit des Menschen vom Kosmos darstellte. Doch es ist eine Darstellung, die Jesus so niemals gegeben hat, sondern es ist die Kraft des Lichtkörperprozesses, mit Blumenkränzen das Kronenchakra zu schmücken, um die Energie des Kosmos in jedem Atemzug für euch präsent zu haben.

Wie wundervoll, dass ihr diese Zeilen lest, dass ihr mit euch damit in Frieden geht. Jesus möchte euch wirklich nochmals ermutigen: Macht den Lichtkörperprozess, damit eure Ahnen geheilt werden, damit euer Leben geheilt wird, damit ihr den ganzen Kosmos wieder in euch spürt durch diese kraftvolle Einweihung in das siebte Chakra.

Jesus segnet euch. Jesus ist mit euch. Jesus spendet euch seinen Segen, um ganz zu werden, um rein zu werden, um euch wirklich in eine neue Dimension zu bringen. Seid wach.

8. Chakra

Das verlorene Schaf: Innere Meisterschaft, Dankbarkeit und Demut

Meine geliebten und so wundervollen Meister der Erde. Wo Zwei oder Drei in meinem Namen versammelt sind, da bin ich mitten unter ihnen.

Es ist schön, wieder da zu sein, um euer Licht zu erweitern, um eure Kraft zu erweitern und um euch das Wissen über das achte Chakra zu geben, das Wissen des vertikalisierten, gereinigten, aktivierten achten Chakras, die Kraft der Dankbarkeit und der Demut zu euch selbst, die Kraft, um euch in Dankbarkeit und in völliger Hingabe zu euch selbst zu begegnen.

Das achte Chakra, das sich 30 Zentimeter über eurem Kronenchakra befindet, lässt eure Zellen in Dankbarkeit und Demut schwingen. Demut bedeutet Hingabe aus dem Herzen. Demut bedeutet nicht Aufopferung sondern Dankbarkeit und Hingabe zum Leben, dass ihr lebt, dass ihr diese Schönheit lebt, dass ihr dies erfahrt, dass ihr euch entwickeln dürft. Dass ihr euch wieder erinnert an die göttliche Kraft, dafür braucht es die Hingabe in eurem Leben, die Hingabe und die Dankbarkeit zu jedem Lebewesen.

Doch auch alle Ängste, die bis jetzt noch nicht erlöst wurden, werden in diesem gereinigten, vertikalisierten Chakra noch gelöst bei der Reinigung, damit ihr ganz ankommt. Damit ihr ganz frei werdet, euch wieder erlebt. Dass ihr wieder in Dankbarkeit und in völliger Hingabe zu jedem Lebewesen lebt. Und dann geschieht der Frieden.

In dem Buch der Bücher wird diese Einweihung als das Gleichnis vom verlorenen Schaf dargestellt. Doch hierbei geht es wirklich um deine innere Meisterschaft. Hingabe, Vertrauen und Dankbarkeit führen dich immer auf deinem Weg in die Meisterschaft. Und das ist die verschlüsselte Energie von dem verlorenen Schaf, das seine Herde verlor und umherirrte. Dies kannst du jetzt in diesem und auch in dem damaligen Leben wirklich wieder entdecken. Ihr, die ihr das Vertrauen und die Dankbarkeit und den spirituellen Weg verloren habt. Das ist damit gemeint: Dass ihr euch abgewendet habt von dem Göttlichen, von dieser Hingabe.

Doch wenn ihr euch vertraut, wenn ihr euch wirklich wieder lebt, wenn ihr euch wieder in das große Bewusstsein der Dankbarkeit und der Hingabe fallen lasst, entsteht die Kraft des Lebens. Und dieses Gleichnis vom verlorenen Schaf sagt das aus. Die Dankbarkeit, die Hingabe zum Leben ist verlorengegangen und wird durch die Kraft des achten Chakras, durch die Reinigung und die Vertikalisierung des achten Chakras wieder aktiviert, denn dann kannst du ganz sein. Dann kannst du wirklich leben und kannst dich noch vielmehr auf diese kosmische Krone einlassen.

Und Jesus hat euch wirklich durch den Lichtkörperprozess geführt, in dem er euch so viel Wissen gegeben hat. Doch durch die Überlieferung, die Überlieferung, die Überlieferung, die Überlieferung, die Überlieferung ist diese Energie so verfälscht worden. Hingabe ist wirklich nicht Aufopferung. Hingabe ist, euch in der Kraft des Herzens zu begegnen, euch gleichwertig zu fühlen und euch nicht klein zu machen. Hingabe zum

Leben ist die Achtsamkeit zum Leben. Hingabe zum Leben ist die Dankbarkeit in deinem Leben und das ist mit der Geschichte, mit dem Gleichnis vom verlorenen Schaf gemeint. So gibt es ja auch noch das Gleichnis und die Geschichte vom verlorenen Sohn. Auch das ist genau dieselbe Energie, wenn das Vertrauen und die Dankbarkeit und die Hingabe zum Leben, zu euch selbst, zum Göttlichen und zu jedem Lebewesen nicht mehr da sind, dann seid ihr verloren. Und mit dem befreiten, vertikalisierten Chakra erlebt ihr wieder Freude, denn Dankbarkeit und Hingabe bringen unendliche Freude in euer Leben. Dann könnt ihr wieder lachen. Dann könnt ihr wieder frei sein. Dann könnt ihr euch wieder entspannen, denn so viele von euch erleben so viel Druck. So viele Menschen sind angespannt, weil sie in der Spannung leben, weil sie in der Energie von Enge leben. Doch mit diesem Lichtkörperprozess, mit dem Herzenslichtkörperprozess bist du wirklich wieder frei, leicht und voller Hingabe.

Jesus segnet dich für dein Tun, für dein Wirken und ist so dankbar, dass du den Lichtweg mit Jesus und allen anderen Meistern gehst. Dass du ihn auf Mutter Erde gehst. Das bringt dich ganz weiter.

9. Chakra

Lazarus: Aus dem Tiefschlaf ins Leben

Meine geliebten Götter des Lebens auf Mutter Erde. Wo Zwei oder Drei in meinem Namen versammelt sind, da bin ich mitten unter ihnen.

Wie wundervoll, dass ihr da seid, um weiter zu gehen in das neunte Chakra, in das Wissen des neunten Chakras, in die Berührung des neunten Chakras.

Das neunte Chakra ist die Kraft der Einheit, denn die Einheit ist der Beginn allen Lebens. Ihr kommt aus der Einheit, ihr lebt in der Einheit und ihr geht in die Einheit zurück.

Deshalb ist es so wichtig, das befreite, vertikalisierte neunte Chakra zu erleben auf Mutter Erde, wenn ihr die Einheit erfahrt. Die Einheit mit allem, die Einheit mit jedem Lebewesen, die Einheit mit allem zu leben, das ist das vertikalisierte, gereinigte, aktivierte neunte Chakra.

Und Jesus hat euch in die Einheit zurückgeführt. Jesus hat euch in die Kraft zurückgeführt: Durch das Leben und nicht durch den Kampf, sondern durch das Leben. Und Jesus hat euch in die Einheit geführt. Hat euch aufgeweckt von eurem Schlaf, in die Einheit geführt. Und so viele Menschen sind immer noch im Tiefschlaf, doch das wird sich jetzt in dieser Zeit auf Mutter Erde verändern.

In eurem Buch der Bücher wird geschrieben, ich hätte Lazarus von den Toten erweckt. Doch damit ist gemeint, ich habe ihn in die Einheit geführt. Ich habe das neunte Chakra gereinigt und vertikalisiert und das bedeutet, die Einheit wieder erweckt. Das bedeutet nicht, er war körperlich tot. Das bedeutet nicht, sein Herz hat nicht mehr geschlagen, sondern gerade „erweckt Lazarus aus dem Tod" bedeutet, aus dem Tiefschlaf wirklich zum Leben, in sein Leben, in seine Einheit gebracht zu werden und das ist die verschlüsselte Energie des Lichtkörperprozesses, des neunten Chakras. Dass ihr aus dem Tiefschlaf geweckt werdet, um in der Einheit euer Leben zu feiern und so viele Ahnen aus den zweihundert Jahren, die hinter euch stehen, schlafen immer noch. Und sie werden erweckt, wenn ihr in die Einheit geht, wenn ihr eure Einheit im Leben nutzt und die Einheit fühlt mit dem Kosmos. Die Einheit fühlt mit Mutter Erde. Die Einheit fühlt mit eurem Herzen, mit allem.

Und das ist der Lichtkörperprozess: Er erweckt die Menschen, die noch schlafen, die tot sind, weil sie sich nicht mehr fühlen und das ist damit gemeint – Jesus erweckt Lazarus von den Toten zum Leben. Und wenn ihr diese Kraft wirklich wieder lebt, dann werdet ihr nicht mehr müde, dann seid ihr so, so kraftvoll.

Denn das neunte Chakra lässt euch euren Körper fühlen, lässt euch erkennen, wie weit weg so viele Menschen noch von sich selbst sind. Und deshalb, wenn ihr diese wundervolle Einweihung in das gereinigte, vertikalisierte neunte Chakra bekommt, erwacht ihr zur Einheit im Leben. Erwacht ihr zur göttlichen Einheit in eurem Leben. Und dann könnt ihr wirklich frei lieben und das ist die Einheit, frei lieben aus dem Bewusstsein der Schönheit heraus, aus dem Bewusstsein der Verbindung heraus, aus dem Bewusstsein der Unendlichkeit heraus zu lieben.

Und Jesus hat euch so viel gelehrt und jetzt nach so langer Zeit ist es für euch wichtig, dass ihr jetzt dieses Wissen wieder erfahrt, das so lange verschlüsselt für euch war und euch verängstigt hat und euch nicht frei gemacht hat.

Doch jetzt ist es an der Zeit, euch das neue alte Wissen zu geben über diesen Herzenslichtkörperprozess, so wie ihn Jesus schon damals gelehrt hat. Die Einheit ist die Bedeutung. „Jesus erweckt Lazarus vom Tod" bedeutet wirklich, alle Menschen, die schlafen, werden aufgeweckt, um wirklich in die Einheit zu gehen.

Und du gehst in die Einheit, du gehst in die Liebe, denn die Einheit bringt immer die Liebe mit und diese Einheit verstärkt deine Intuition, verstärkt deine Spiritualität. Und die Ahnen werden auch aufgeweckt, dass sie dir wirklich frei und voller Hingabe dienen können.

So geht weiter euren Weg, geht weiter in Hingabe euren Weg in die Einheit, denn nur so findet die große Veränderung auf Mutter Erde statt. Jesus ist da. Jesus ist in der Einheit da. Jesus ist in eurem Leben immer präsent.

10. Chakra

Der Teufel: Das (spirituelle) Ego überwinden

Meine geliebten Kinder der Erde. Wo Zwei oder Drei in meinem Namen versammelt sind, da bin ich mitten unter ihnen.

Jesus ist zu euch gekommen, um mit euch das zehnte Chakra zu erleben, zu erfahren und euch das Wissen über das gereinigte, aktivierte, vertikalisierte zehnte Chakra zu geben.

In dieser Zeit, in der dieses Buch entsteht, ist es ganz wichtig, auf eure Intuition zu hören und nicht auf euer Ego. Die Energie des zehnten Chakras ist die Ego-Überwindung und das spirituelle Ego ist noch viel gefährlicher und stärker als das normale Ego. Das „Wollen" ist das Ego – das „Wollen". Das „Haben-Wollen", das „Besitzen-Wollen" ist das Ego und das wird bei dieser großen Einweihung der Vertikalisierung und der Reinigung des zehnten Chakras erlöst. Die Ego-Auflösung, die Ego-Überwindung vom „Ich" zum „Wir".

Und Jesus möchte euch in aller Offenheit, in aller Liebe, wirklich sagen, dass euch das spirituelle Ego überhaupt nicht weiterbringt, sodass ihr wirklich voller Hingabe euer Leben meistert, euer Leben manifestiert. Doch nicht in die Energie des Hochmuts gehen und nicht in die Energie von „ich bin ja schon so weit". Die Ego-Überwindung ist wirklich immer Licht im Tunnel zu sehen. Licht in allem zu sehen und Licht in jede Situation deines Lebens hineinzubringen. Das ist die Ego-Überwindung.

Und in den Geschichten ist das Ego dargestellt als der Teufel, der Jesus bekehren möchte. Die Versuchung, das ist das Ego immer. Das Ego ist immer die Versuchung, deinen anderen Weg zu gehen, der dich nicht weiterbringt, der dich hindert an der Spiritualität, der dich hindert am Licht. In dem Buch der Bücher wird beschrieben, wie der Teufel versucht, mich zu verführen. Das ist damit gemeint: Das Ego zu überwinden.

Und darum geht es bei der Einweihung in das zehnte Chakra. Die Versuchung zu überwinden, das „Ich" nicht zum „Wir" werden zu lassen. Das ist die Transformation des Egos. Wenn das „Ich" zum „Wir" wird, entsteht Frieden.

Und in dieser Geschichte über mich, die in dem Buch der Bücher geschrieben steht, soll der Teufel angeblich versucht haben, mich zu verführen hin zum Menschlichen. Doch das ist genau meine Rede gewesen über das Ego. Doch ich habe es niemals mit dem Wort „böse" oder „Teufel" in Verbindung gebracht, das wurde daraus gemacht, diese Geschichte wurde daraus gemacht. Die Versuchung, das ist die Ego-Energie, die Ego-Falle. Und ihr seid viel schneller im Ego als ihr glaubt, denn Ego ist der Verstand. Ego ist nicht das Herz. Und wenn ihr das Ego überwindet, ist der Verstand wirklich hundert Prozent im Herzen. Und darum geht es im zehnten Chakra.

Das befreite, vertikalisierte zehnte Chakra bedeutet, der Verstand rutscht ins Herz und das Ego hat keine Kraft mehr. Und ihr habt keine Versuchung mehr, dass das Ego stärker ist als die Liebe in eurem Herzen. Bei vielen Menschen ist zurzeit das Ego stärker als die Liebe. Deshalb sieht es auch bei euch auf der Erde so aus, wie es aussieht. Doch wenn ihr es nicht mehr zulasst, dass das Ego über euch die Macht hat, dann ist das große Gefühl der Liebe in jeder Zelle wieder da und das Ego ist befreit.

Das Ego ist niemals das, was ihr mitbringt. Das Ego entwickelt sich im Laufe eurer Erfahrungen. Doch das Ego bringt ihr nicht mit. Es entsteht auf Mutter Erde und deshalb kann es so große Kraft über euch bekommen. Es ist die Versuchung. Doch wenn ihr mit dem großen Einweihungsritual in das zehnte Chakra die Versuchung löscht, ist das Ego befreit und ihr spürt nur noch euer Herz und lasst das Leben in allem fließen. Und in dem Buch der Bücher ist damit die Versuchung mit dem Teufel, mit dem Bösen gemeint. Und er konnte mich nicht kriegen. Das Böse konnte mich nicht kriegen, weil es dieses gar nicht gibt. Und das ist das Allerwichtigste. Dass ihr das wieder erfahrt, dass ihr das wieder begreift, dass ihr das wieder lebt.

Jesus ist da. Wo immer ihr seid, ist Jesus da. Wo immer ihr seid, wo immer ihr liebt, wo immer euer Verstand ins Herz rutscht, ist Jesus da und berührt euch.

11. Chakra

Die Taufe von Johannes: Überwindung von Angst

Meine geliebten Freunde des Lebens. Wo Zwei oder Drei in meinem Namen versammelt sind, da bin ich mitten unter ihnen.

Meine wundervollen Gefährten. Jesus ist zu euch gekommen, um mit euch das befreite, gereinigte, vertikalisierte elfte Chakra zu erfahren. Und dies geschieht mit der Angstüberwindung. Wirklich: die Überwindung der Angst vor dem Leben, die Überwindung der Angst vor allem, was euch begegnet - keine Angst haben. In allem. Spiritualität erfahren, in allem, was euch widerfährt. Keine Angst zu haben, sondern wirklich die Kraft des Lebens zu erfahren. Die Kraft der Liebe zu erfahren und die Kraft der Erneuerung zu erfahren. Denn alles wird erneuert, wenn ihr bereit dazu seid: Die hundertprozentige Angstauflösung, Angstüberwindung.

Das ist die Kraft des elften Chakras und deine Ahnen, zweihundert Jahre und mehr werden tanzen vor Freude, wenn du diese Erfahrung in deinem Leben machst. In völliger Angstfreiheit auf Mutter Erde zu leben bedeutet, wirklich frei zu sein. Frei, frei, frei.

Und in der Energie von dem Buch der Bücher wird diese Einweihung als die Taufe von Johannes bezeichnet - als Johannes mich taufte. Dies bedeutet, ich war niemals in dieser Situation, doch sie wurde so dargestellt, als wenn ich getauft werden müsste, um mich rein zu waschen. Doch ich bin schon immer rein und ihr auch. Von was wollt ihr uns und irgendjemand reinwaschen?

Diese Einweihung, wirklich die Angst zu überwinden, wurde in dem Buch der Bücher dargestellt, als die Taufe - als Johannes mich taufte. Doch dies hat niemals so stattgefunden. Dies ist nicht der Weg, den ich mit euch gegangen bin, sondern ich bin mit euch den Weg der Freiheit gegangen, indem ich euch gezeigt habe, wie ihr wirklich angstfrei lebt, indem ihr ins Vertrauen geht, indem ihr niemandem für irgendetwas die Schuld gebt. Niemand für irgendetwas eure Verantwortung abgebt, sondern sie immer bei euch behaltet – immer. Und dann ist die Freiheit da.

Und auch in der heutigen Zeit gilt: Keiner muss getauft werden, um dazu zu gehören. Keiner muss getauft werden, um von Jesus geliebt zu werden und von Gott geliebt zu werden. Keiner muss getauft werden, um sich rein zu waschen. Denn die Kinder sind so reine Wesen, die bringen alles mit: Liebe, Freude, Freiheit, Würde – alles. Sie müssen von nichts rein gewaschen werden, denn ihre Seele ist rein. Und Jesus musste auch von nichts reingewaschen werden, denn seine Seele ist rein und ihr müsst auch von niemandem rein gewaschen werden, denn eure Seele ist rein.

Deshalb geht in eure Kraft, geht in eure Lebenskraft und lebt euer Leben in völliger Angstfreiheit. Angstüberwindung bedeutet wirklich immer, immer in jeder Phase eures Lebens die Verantwortung und den Respekt für euch zu bewahren. Und nichts und niemanden für irgendetwas verantwortlich machen, das in eurem Leben geschieht.

In dem Buch der Bücher wird es so dargestellt, dass Johannes der Täufer mich getauft hat. Doch die wirkliche wahre Geschichte ist, die Angst zu überwinden. Die Angst aufzulösen, zu springen, ins Wasser zu springen, in die Gefühle zu springen, keine Angst mehr zu haben vor den Gefühlen. Keine Angst mehr zu haben vor dem Widerstand. Keine Angst mehr zu haben vor dem Leben, deshalb ist diese Energie entstanden. Das Gleichnis und die Erfahrung mit der Taufe. Denn die eigentliche Vision ist, die Angst zu überwinden in eurem Leben, denn ihr kommt so angstfrei auf Mutter Erde, ihr alle.

Alles geschieht jetzt in Liebe. Das Wissen, das Jesus euch gibt, wird ganz viel erleichtern in eurem Leben - und lasst jetzt die Freiheit zu. Angstüberwindung bedeutet wirklich, ins Leben zu springen und für dich Sorge zu tragen. Für dich zu sorgen, für deine Familie zu sorgen und in Liebe zu sein – mit allem, was ist. Doch diese Taufgeschichte hat in dieser Form niemals stattgefunden. Es wurde so dargestellt, doch es ist die Einweihung in die Angstfreiheit, in die Angstüberwindung.

Lebt euer Leben! Lebt eure Energie und lebt in absoluter Freiheit und im Einklang mit Mutter Erde.

12. Chakra

Die Auferstehung: Kymische Hochzeit

Meine Geliebten. Wo Zwei oder Drei in meinem Namen versammelt sind, da bin ich mitten unter ihnen.

Jesus ist gekommen, um mit euch das Wissen des zwölften Chakras zu teilen, um mit euch die Kraft des zwölften Chakras zu erfahren. Denn das zwölfte Chakra ist das Christusbewusstsein – das Höhere Selbst. Und mit dem aktivierten, gereinigten, vertikalisierten zwölften Chakra, geht das Christusbewusstsein ins Herzchakra – das Höhere Selbst geht ins Herzchakra. Das ist der Ausdruck für die „Kymische Hochzeit".

Kymische Hochzeit bedeutet, das Höhere Selbst verbindet sich mit dem Herzchakra, mit jeder Zelle des Körpers. Das ist Kymische Hochzeit. Das Höhere Selbst, das Christusbewusstsein dringt ins Herzchakra ein. Das bedeutet Kymische Hochzeit und das geschieht bei der Einweihung in das zwölfte Chakra. Das Höhere Selbst, das Christusbewusstsein verschmilzt mit dem Herzchakra und das ist die große Gnade, die euch zuteil wird in dieser Einweihung. Das ist die große Liebesenergie, die euch zuteil wird, wenn ihr durch diesen Lichtkörperprozess geht, dann verschmilzt euer Höheres Selbst, euer Christusbewusstsein mit dem Herzchakra und alles wird still und ihr handelt aus eurem Herzen. Mit allem, was ihr tut, handelt ihr aus dem Herzen.

Jesus hat diese Einweihung mit euch so oft erlebt, die Kymische Hochzeit. Doch in diesem Leben, in den Herausforderungen, denen ihr ausgesetzt seid, wird es etwas ganz Besonderes, wenn ihr diese Einweihung erfahrt. Denn alle, alle, alle Ahnen sind nun befreit und werden mit dieser Einweihung wirklich euch, in eurem Leben, die Kraft geben. Dann, wenn sie noch nicht erlöst waren, werden sie wirklich in das Licht gehen.

Und Jesus ist so dankbar, dass ihr diesen Weg auf Mutter Erde jetzt wieder geht, um Mutter Erde zu reinigen, um die Anbindung wieder zu bekommen. Denn, wenn ihr euren Lichtkörperprozess erfahrt und diese Kymische Hochzeit, dann seid ihr frei, dann habt ihr keine Anhaftungen mehr, keinen Resonanzkörper. Dann könnt ihr alles erleben, was nur noch mit Liebe erfahrbar ist.

Und dann mit der Einweihung in das zwölfte Chakra, die Kymische Hochzeit, durchlebt ihr euren Seelenplan in diesem Leben, hundert Prozent. Keine Umwege mehr, nur noch diesen Weg, den eure Seele für euch manifestiert hat in diesem Leben, kompromisslos. Und diese Herausforderung werdet ihr bestehen, denn ihr habt die Kraft, ihr habt die Würde und ihr habt alles, was dazu beiträgt.

Durch die Befreiung und durch die Vertikalisierung, durch die Aktivierung und Reinigung der zwölf Chakren hast du wirklich ein Potenzial, das dich durchs ganze Leben trägt und erfüllt und dich immer wieder bei dir ankommen lässt. Das zwölfte Chakra, das Christusbewusstsein, das Höhere Selbst, verschmilzt mit deinem Herzchakra – das ist eine der wichtigsten Einweihungen, die auf deinem Lebensweg vorgegeben ist.

Und Jesus möchte dich ermutigen: Gehe deinen Weg weiter.

Gehe deinen Weg nur noch mit dem Seelenplan. Du kannst es gar nicht mehr anders, wenn dein zwölftes Chakra vertikalisiert und gereinigt ist: Dann kannst du das Christusbewusstsein leben mit dem Seelenbewusstsein und dem Seelenplan. Und dann geht alles zwölftausendfach schneller.

Das, was in dem Buch der Bücher dargestellt wird als Auferstehung, als Kreuzigung, ist die Kymische Hochzeit. Das Höhere Selbst verschmilzt mit dem Körper. Das Höhere Selbst steigt nicht auf. Natürlich steigt der ganze Energiekörper auf mit dem Lichtkörperprozess, doch so wie es in dem Buch der Bücher steht, mit der Kreuzigung, mit dem Tod, mit der Auferstehung, das ist mit der Kymischen Hochzeit gemeint: Verschmelzung. In dem Buch geht die Verschmelzung mit dem Tod einher. In dem Lichtkörperprozess geht die Verschmelzung mit dem Leben einher und das ist so wichtig.

Wir sind dir sehr dankbar, allen dankbar, die diesen Lichtkörperprozess lehren, die diesen Lichtkörperprozess in die Welt bringen. Lebt etwas Neues. Lebt die neue Energie. Lebt jetzt das Leben eures Seelenplanes und begebt euch in die Kraft und in die Liebe eures Herzens.

Jesus ist glücklich und dankbar, dass ihr dieses Wissen verbreitet: Lasst euch ein für das neue Leben. Jesus ist da, überall, wo der Herzenslichtkörperprozess manifestiert wird. Wo die Menschen in Liebe kommunizieren, wo die Menschen in allem bereit sind zur Veränderung. Jesus küsst dich und sei immer du selbst, authentisch und klar.

Zweiter Teil

CHAKREN 13 - 24

Channelings des Seminars

„Lichtkörperprozess intensiv, Chakren 13 - 24"

Oktober 2009 auf La Gomera

Jesus zum Lichtkörperprozess 13-24

Wo zwei oder drei in meinem Namen versammelt sind, da bin ich mitten unter ihnen.

Meine geliebten Brüder und Schwestern. Jesus Sananda ist mit euch, um euch in der Kraft der neuen Energie einzuweihen und zu begrüßen.

Wir sind sehr glücklich und dankbar, dass ihr diesen Weg geht, dass ihr euch darauf einlasst, dass das neue Alte wieder leben darf auf Mutter Erde. Denn zu meiner Zeit, als ich als Jesus auf der Erde wirkte, war meine Aufgabe diesen Lichtkörperprozess auf der Erde zu manifestieren, mit so vielen Menschen wie möglich, ein neues Bewusstsein zu kreieren.

Und mit dieser Kraft werdet ihr in diesen Tagen wieder verbunden, werdet ihr in diesen Tagen eingeweiht, um das Licht auf der Erde zu verstärken, um die Liebe zu euch selbst noch viel stärker werden zu lassen. Auch eure Manifestationskraft, eure Gedankenkraft wird um das 24-tausendfache angehoben.

Ihr seid die Ersten auf der Erde, bei denen wir die 24 Stränge eurer DNA wieder aktivieren. Dafür sind wir euch dankbar, dass ihr diesen Schritt wagt ins absolut Unbekannte, die ersten Energieträger zu sein, bei denen wir die 24 Chakren andrehen[1], die 24 DNS-Stränge aktivieren und die Manifestationskraft um das 24-tausendfache steigern.

---

1 Andrehen bedeutet aktivieren

Überlegt euch dieses Ausmaß, dieses Geschenk, das ihr euch macht und damit der Erde und damit dem Kosmos und uns. Dadurch wird auch eine neue Energie-Ebene auf der Erde entstehen. Und Jesus sagt es noch einmal: Ihr seid die Ersten, die wir initiieren, seit 2000 Jahren und mehr. Ihr seid die Ersten auf der Erde. Und ihr bringt dadurch überall, wo ihr seid, ein neues Bewusstsein hin.

Ihr werdet immer stärker eure Kraft wahrnehmen, euer göttliches Bewusstsein und immer mehr in die Liebe eintreten, in die Liebe des ganzen Universums. Und diese Kraft, die durch euch fließt, lässt nur noch Liebe zu.

Als ich als Jesus auf der Erde weilte, hat jeder der zwölf Jünger diese Kraft des Lichtkörperprozesses weitergegeben. Denn jeder der zwölf Jünger war ein Seelenaspekt von Jesus, war ein Seelenanteil von Jesus. Und nicht zu vergessen, die zwölf Frauen, die auch alle da waren und die auch diese Anteile besessen haben. Und deshalb ist es jetzt so wichtig, euch in diese Energie des 13. bis 24. Chakras einzuweihen. Damit etwas Neues und Altes zusammen kommt, nach so vielen Tausenden von Jahren. Und ihr habt damals alle gesagt: Ich bin dabei!

Durch diese Arbeit wird sich ein sehr großer Bewusstseinswandel auf Mutter Erde vollziehen. Seid euch dessen immer bewusst, dass ihr überall, wo ihr seid, Auslöser seid. Denn wer die 24-tausendfache Gedankenkraft hat, kann alles in einem Atemzug erlösen und erhellen, aber auch alles in einem Atemzug zerstören. Macht euch das immer bewusst.

Jesus möchte euch ein Gefühl davon geben, wie es ist, wenn das 24. Chakra angedreht ist. Jesus wird es jetzt für eine kurze

Zeit bei euch andrehen, um euch fühlen zu lassen, wie ihr nach dieser Einheit, nach diesen Tagen des Lichtes, nach diesen Tagen der Verankerung, nach diesen Tagen der Transformation schwingt. Damit ihr euch immer wieder daran erinnert, da wollt ihr hin und dafür geht ihr durchs Feuer und dafür geht ihr durch die Prozesse.

Jetzt wird es angedreht.

Spürt, was so lange im Verborgenen lag, das kann ein richtiger Schmerz sein, so stark wie die Energie ist, die von oben kommt...

STILLE

Und jetzt wird es wieder gestoppt, damit eure Zellen nicht in Stress kommen.

Diesen Kanal werdet ihr nach diesen Tagen immer offen haben, diesen Kanal werdet ihr immer zur Verfügung haben, immer. Wenn ihr schlaft, wenn ihr esst, falls ihr überhaupt noch was essen könnt. Seid achtsam und seid mit euch in der Liebe, egal was geschieht, egal welchen Prozess ihr durchlauft. Und lasst diese Hitze und Wärme zu, die diese Energie mitbringt.

Mit dem Prozess, dass bei euch wieder der 13. bis 24. DNS-Strang aktiviert wird, altert ihr nicht mehr, ihr werdet immer jünger.

Lasst euch feiern von euch selbst! Lasst euch feiern von der Existenz, von dem Universum, von der Erde, für dieses große Geschenk und für diese Liebe, die euch zuteil wird, und die durch diesen Prozess noch unendlicher wird, noch unendlicher.

Wo zwei oder drei in meinem Namen versammelt sind, wo ihr überall auf der Erde den Lichtkörperprozess gebt, bin ich bei euch.

13. Chakra

Die innere Bereitschaft

Wo zwei oder drei in meinem Namen versammelt sind, da bin ich mitten unter ihnen.

Meine lieben Schwestern und Brüder, meine geliebten Schüler, Jesus Sananda ist mit euch, um mit euch die Kraft eures 13. Chakras zu feiern.

Jesus Sananda wird euch in alle Chakren einweihen, alle Chakren reinigen und wieder andrehen. Vor allem auch diesen wichtigen Zwölf-Stern-Tetraeder.[1] Denn wenn alle zwölf Tetraeder wieder drehen, habt ihr so viel Energie zur Verfügung, dass ihr kaum noch schlafen müsst. Denn dieses Drehen des Chakras und auch das Drehen dieses zwölfseitigen Tetraeders werden nochmals ganz viel verändern in eurem Leben. So dass ihr eure Kraft im Hier und Jetzt einsetzen könnt, überall wo ihr seid, egal wo.

Überall, wo ihr seid, seid ihr zu Hause. Wir werden euch auf viele Reisen schicken. Jeder von euch wird sehr viel reisen, um diese Energie des Lichtkörperprozesses auf der Erde zu manifestieren. Wir werden euch überall dort hin schicken, wo ihr gebraucht werdet, wo ihr mit offenen Armen empfangen werdet, und wo ihr leicht wirken könnt. Die Plätze sind alle schon da. Ihr braucht nichts zu erwarten, denn ihr werdet be-

---

1 Ab dem 12. Chakra bis zum 24. Chakra befindet sich zwischen den Chakren jeweils ein Zwölf-Stern-Tetraeder. Der Zwölf-Stern-Tetraeder ist ein 6 Meter großer Kristall. Zwischen dem Chakra und dem Tetraeder ist freier Raum.

reits erwartet, ganz wichtig. Wir wollen, dass ihr dieses Wissen in die Welt bringt. Und das ihr wirklich beginnt, zu eurem Glück zu stehen, zu eurer Energie zu stehen, und euch wirklich darauf einlasst.

Denn das 13. Chakra ist das Chakra des Einlassens, des Bereitseins, die Bereitschaft zum Leben. Es ist die Bereitschaft, diese Lichtkraft zu manifestieren und auch die Bereitschaft, Körper zu werden, die Bereitschaft, euer Licht, eure Kraft zu manifestieren. Bereitschaft, bereit zu sein bedeutet, im Vertrauen zu sein, bedeutet zu wissen, dass alles zu seiner Zeit auf der Erde geschieht. Es bedeutet, dass ihr euch auf euer Frausein einlasst, auf euer Mannsein einlasst, dass ihr bereit seid, diese Schöpferkraft anzunehmen, zu kreieren. Bereitschaft, bereit zu sein, sich einzulassen auf diese Reise ins Leben. Bereitschaft ist immer ein tiefes Erkennen.

Es werden alle Widerstände erlöst, die euch noch aufhalten bereit zu sein.

Und dieses Chakra, diese Kraft des 13. Chakras hilft euch, in allem die Bereitschaft das Bereitseins zu erleben. So dass ihr die innere Bereitschaft habt, euch selbst zu lieben, euch selbst glücklich zu machen. Seid dankbar für jede Begegnung, die ihr erlebt auf der Erde. Und es geht auch um die Bereitschaft, das Höhere anzunehmen, die kraftvollen Energien, die durch euch fließen, anzunehmen.

Geht immer wieder in diese Kraft hinein, bereit zu sein, für die neue Ebene, die zu euch dringt. Diese Ebene des 13. Chakras ist das, was ihr vor eurer Inkarnation erschafft. Es ist die Bereitschaft zur Inkarnation und das 13. Chakra hilft euch dabei.

Euer 13. Chakra wird gerade von allem gereinigt, was euch noch festhält, euch für diese Inkarnation zu entscheiden.

Diese Entscheidung, die Bereitschaft zu eurer Entscheidung, bedeutet auch, ganz „Ja!" zu sagen zu eurem Leben, die 100-prozentige Verantwortung für euer Leben zu übernehmen.

Tragt dieses Licht in die Welt. Seid bereit, diese Inkarnation zu meistern. Jesus Sananda segnet euch. Und habt keine Erwartungen. Ihr werdet erwartet.

Wo zwei oder drei in meinem Namen versammelt sind, da bin ich mitten unter euch.

14. Chakra

Das göttliche Licht

Meine geliebten Freunde, meine geliebten Lichtboten. Es ist wundervoll, unter euch zu sein. Denn wo zwei oder drei in meinem Namen versammelt sind, da bin ich mitten unter ihnen, da wo die Liebe fließt, dort wo die Kraft der Herzen fließt, da ist meine Liebe präsent. So ist dieses auch ein Ausdruck des Lichtkörperprozesses.

Jesus Sananda ist bei euch, um euch zu befreien, um euch einzuladen, ganz in die Kraft der Liebe zu gehen, ganz in die Kraft des Lichtes zu gehen und zu euch zu stehen.

Ihr habt so viel über das Leben von Jesus Sananda gehört und dieser Kreis, den wir auch hier in diesem Raum haben, schließt sich dadurch. Ihr werdet jetzt viele, viele Menschen treffen, die auch in dieser Zeit mit mir in dieser Inkarnation als Jesus gelebt haben, um sie auch wieder daran zu erinnern, um ihnen auch wieder den Lichtkörperprozess zu bringen. Viele werden sich daran erinnern, an diese Zeit der Liebe, an diese Zeit des neuen Bewusstseins.

Das, was wir zusammen gelebt haben, was wir zusammen erlebt haben, war Freiheit, war Glückseligkeit, war Hingabe.

Wenn dieses Wissen, so wie ich es gelehrt habe, in die Welt gegangen wäre, wäre Frieden da. Doch das Wissen wurde verfälscht, um aus dieser Freiheit eine Abhängigkeit zu erschaffen. Deshalb ist Jesus hier anwesend, um euch die Sünde zu nehmen, was mit dem Lichtkörperprozess geschieht, um euch die Einweihung der Kirche zu nehmen, was mit dem Lichtkörperprozess geschieht, damit wirklich wieder die Freiheit in die Welt geht, die Herzensfreiheit.

Freiheit kann nur existieren, kann nur Kraft haben, wenn sie von Herzen kommt. Und ihr alle werdet in dieser Zeit ganz mit der Kraft eures Herzens verbunden. Damit ihr steht wie ein Fels in der Brandung, und euch kein Wind umpustet, euch euer Ego nicht umpustet, und auch nicht andere Gedanken oder andere Irrlichter, die unterwegs sind. Bleibt wirklich bei euch und seid einfach da, ohne Bewertung, seid einfach da, dann prallen die Irrlichter an euch ab.

Ihr habt jetzt diese Energie einer einzigartigen Ausbildung auf der Erde. Macht euch bewusst, was das bedeutet, und welche Möglichkeiten ihr damit bekommt. Wir haben großes Vertrauen in euch, dass ihr wirklich wie ein Fels in der Brandung stehen bleibt.

Das 14. Chakra ist die Kraft des göttlichen Lichtes. Das göttliche Licht soll euch immer führen, durch jede Zelle eures Körpers scheinen und immer, immer, immer sollt ihr es zur Verfügung haben. Ihr kommt alle aus diesem göttlichen Licht. Und das ist eine Erinnerung.

Dieses Chakra wird gereinigt, dieser 14. DNA-Strang wird gereinigt und auch dieser zwölfseitige Tetraeder wird gereinigt, damit ihr das göttliche Licht ganz integrieren könnt in eurem Leben, und das kann euch keiner nehmen. Das göttliche Licht lässt euch immer mehr scheinen, lässt euch immer mehr erstrahlen, dass ihr zur Erscheinung werdet, dass ihr genau zur richtigen Zeit am richtigen Ort erscheint. Das ist wundervoll und das ist alles aufeinander aufgebaut.

Das göttliche Licht, aus dem ihr kommt, hat die Bereitschaft zu inkarnieren. Alles ist aufeinander aufgebaut, denn eure Seele ist göttliches Licht, eure Seele ist göttliches Erwachen. Und wenn sich eure Seele in eurem Körper ausdehnt, dann ist Frieden da und dann ist Leichtigkeit da.

Mit diesem göttlichen Licht, das dann durch euch fließt, könnt ihr alles neu erfahren. Ihr vervollständigt meine Vision, überall auf der Erde wieder Frieden zu manifestieren. Und ihr vervollständigt meine Vision, dass sich alle Menschen mit Liebe, mit Leichtigkeit, mit Frieden begegnen. Ihr vervollständigt meine Vision, indem ihr diesen Prozess durch euch erlebt und mit vielen anderen Menschen erleben werdet. Und seid euch sicher, dass es nicht aus dem Ego heraus geschehen kann, sondern nur mit der bedingungslosen Liebe eures Herzens.

Judas wurde immer dargestellt als das Ego, als der Kämpfer, als der Verräter. Er hat nichts getan. Er wurde nur als der Verräter und das Ego dargestellt. Man will den Menschen mit dieser Geschichte Angst einjagen, doch es geht um die Freiheit.

Und das göttliche Licht lässt kein Urteilen mehr zu in euch. Nutzt diese Kraft, denn dann verschwendet ihr keine Energie mehr über das Urteilen. Sondern ihr seid einfach nur da.

Das 14. Chakra ist das göttliche Licht.

Jesus segnet euch, dass ihr in allen Ebenen eures Wirkens von Herzen handelt.

Und wisst: Bittet, so wird euch gegeben. Bittet, so werdet ihr empfangen.

15. Chakra

Die Botschaft des Lichts

Wo zwei oder drei in meinem Namen versammelt sind, da bin ich mitten unter ihnen.

Meine geliebten Botschafter des Lichtes, Jesus ist mit euch, um euch in die tieferen Dimension des Lichtes einzuweihen, damit ihr Botschafter des Lichtes werdet und auch schon seid.

Denn ihr alle seid auf die Erde gekommen, um diese Botschaft des Lichtes zu empfangen und diese Botschaft des Lichtes zu verbreiten. Denn die Botschaft des Lichtes ist die Liebe, die Klarheit und die Verantwortung gegenüber jedem Lebewesen. Es ist die Fähigkeit, in jeder Situation die Kraft der Liebe in euch zu leben und zu halten.

Ihr seid auf so einer wundervollen Reise zu euch selbst mit diesem Lichtkörperprozess. Und immer mehr werdet ihr gelenkt und getragen vom Licht.

Das 15. Chakra ist die Botschaft von Licht, die dann zum göttlichen Licht wird. Und zuerst ist die Botschaft da. Und diese Botschaft des Lichtes ist, in jedem Atemzug, in jeder Zelle eures Körpers zu eurer Wahrheit zu stehen, zu eurem göttlichen Licht zu stehen, zu eurer göttlichen Präsenz zu stehen und zu eurem Auftrag, Botschafter des Lichtes zu sein, zu stehen.

In meiner Zeit als Jesus auf der Erde wurde ich geschult in Indien. Deshalb steht auch zwischen meinem achten und 21. Lebensjahr nichts geschrieben, weil ich diesen Lichtkörperprozess selbst erfahren habe in Indien im Himalaja. Von den alten Meistern des Himalajas bin ich gelehrt worden. Meine Eltern haben mich dort hingebracht, weil sie wussten, welchen Auftrag ich zu erledigen hatte.

So ist jeder Lichtkörperprozess, den ihr mit den Menschen macht, ein Gottesdienst. Das ist der wahre Gottesdienst. Und schaut, was daraus gemacht wurde. Macht, Abhängigkeit und Sünde. Doch in eurem Gottesdienst, bei dem Lichtkörperprozess, entsteht ein Miteinander und ihr werdet von uns geführt, ihr werdet von uns geleitet in diesem ganzen Prozess. Lasst euch ein auf diese Reise, lasst euch ein auf diese Liebe, und auf die Botschaft des Lichtes.

Zuerst ist die Botschaft des Lichtes da, 15. Chakra und 14. Chakra, das göttliche Licht.

Lebt immer in der guten Absicht. Gebt jedem Lebewesen eure gute Absicht mit. Verängstigt sie nicht durch irgendwelche Aussagen, die nicht von uns kommen, sondern von euch. Gebt jedem die Absicht des Guten mit.

Und dieses 15. Chakra wird jetzt gereinigt und befreit von dem alten „Gottesdienst", den ihr alle in euren Zellen, in euren Energien tragt. Und auch der Zwölf-Stern-Tetraeder wird gereinigt und auch der 15. Strang der DNA wird gereinigt, damit ihr wirklich die wahren Botschafter des Lichtes seid, fern ab von jeglicher Gewalt. Seid mit jedem Atemzug, mit jedem Wort, mit jedem Gedanken, mit jedem Handeln Botschafter des Lichtes. Das ist die Energie des 15. Chakras, Botschaft des Lichtes. Und traut euch, diese Botschafter ganz zu werden. Und traut euch, immer dazu zu stehen.

Man hat in den Geschichten Petrus ganz bewusst dazu eingesetzt, nicht zu mir zu stehen. Das stimmte gar nicht. Doch in dieser Geschichte steht geschrieben, er hätte behauptet, mich nicht zu kennen. Eine erfundene Geschichte, damit ihr euch nicht mehr kennen dürft, damit ihr euch nicht mehr bekennen dürft zu euch selbst. Also: Die Bekenntnis zu euch selbst ist die Botschaft des Lichtes, die Bekenntnis zu euch selbst. Das ist die Kraft des 15. Chakras.

Macht euch bereit für euren Auftrag. Dass die Erkenntnis zum Bekenntnis wird. Und versteckt euch nicht hinter eurer Kraft. Das habt ihr so viele Leben gemacht. Und in diesem Leben geht ihr Hand in Hand mit eurer Kraft und seid einfach da. Steht zu euch, bekennt euch zum Frieden, bekennt euch immer zu euch selbst, auch in der Partnerschaft, steht immer zu euch selbst. Denn das macht euch authentisch. Und mit dem Authentischsein entsteht Liebe und Freiheit. Es ist sehr wichtig, dass ihr euch auch zu eurem Partner bekennt, das beinhaltet keine Abhängigkeiten mehr.

Das ist auch die Botschaft des Lichtes: keine Abhängigkeiten mehr in den Beziehungen. Und auch keine Abhängigkeit in der Sexualität.

Und Jesus wird jetzt euer 15. Chakra andrehen und den zwölfseitigen Tetraeder und den 15. Strang der DNA. Jetzt wird es angedreht.

STILLE

Botschafter des Lichtes zu sein, bedeutet, die Erkenntnis des Lichtes wird zur Bekenntnis. Das, was ihr hier bekommt, ist ein verantwortungsvoller Auftrag für euch alle. Macht euch immer wieder bewusst, wie sehr wir euch lieben dafür, dass ihr von so vielen Milliarden Menschen hier sitzt. Und über eine Milliarde Menschen glauben an das falsche Buch. Doch in euch ist die Erkenntnis, da ist der Glaube nicht mehr brauchbar. Wenn ihr die Erkenntnisse lebt zur Bekenntnis, dann öffnet sich euer Buch und viele Menschen werden da sein, viele.

Wo zwei oder drei im Dienst des Lichtes sind, einen Gottesdienst tun, da bin ich mitten unter euch. Seid wachsam, denn dieses Erkennen, was wir in euch heute an diesem wundervollen Tag manifestiert haben, ist grandios.

16. Chakra

Der göttliche Weg

An diesem Ort, an vielen verschiedenen Zeiten, haben wir uns getroffen, haben wir uns mitgeteilt und neue Wege in die Wege geleitet. Jesus ist mit euch, um neue Wege mit euch zu gehen, um neue Wege in die Wege zu leiten. Und dafür seid ihr hierher gekommen, wieder an diesen Platz, wo wir uns schon so oft auch getroffen haben, auch schon vor 2000 Jahren.

Atlantis und Lemuria sind schon sehr lange her. Und da haben wir auch gelebt zusammen, wir alle und noch viele, viele Millionen mehr. Und es geht jetzt darum, neue Wege in die Wege zu leiten, für euch selbst und für viele, viele, viele Menschen. Denn jetzt braucht es neue Wege. Wann, wenn nicht jetzt, braucht es neue Wege auf der Erde? Und ihr habt die Bereitschaft, diese Wege zu gehen und somit auch für andere den Weg zu begleiten.

Das 16. Chakra ist der göttliche Weg. Und diesen göttlichen Weg könnt ihr gehen, überall auf der Erde, in allen Dimensionen, überall. Göttliche Wege sind sehr wichtig für die kommende Zeit, in der das spirituelle Wachstum immer größer wird und in der sich die Liebe immer mehr ausbreitet. Der göttliche Weg ist, immer die innere Kraft zu fühlen. Und der göttliche Weg ist, euch immer führen zu lassen und der göttliche Weg ist die Erkenntnis von Liebe.

Ihr alle seid auf so einem wundervollen göttlichen Weg, der jetzt noch mehr in die Ordnung kommt, der jetzt noch mehr in die Ausdehnung kommt, damit ihr die Menschen anzieht und damit ihr alle in der Verbindung mit dem göttlichen Weg bleibt. Der göttliche Weg ebnet neue Wege für Mutter Erde, für das Leben auf Mutter Erde, für die Menschheit. Und wir sind mit euch dabei das Buch der Erde neu zu schreiben. Deshalb geschieht genau zu diesem Zeitpunkt dieser Prozess für euch, der noch nie, seitdem ich meinen Körper verlassen habe, in dieser Form weiter gelehrt wurde.

Ihr werdet diesen göttlichen Weg vollenden. Und mit diesem göttlichen Weg, den ihr alle beschreitet, gibt es eine neue Energie, eine neue Kraft in eurem Leben und für alle anderen Lebewesen.

Der göttliche Weg ist auch der Weg der Hingabe. Und somit dient ihr dem Licht und dient Mutter Erde und dient dem Leben. Und der göttliche Weg behält allen Reichtum für euch frei, innerer, äußerer, ihr müsst es nur leben, ihr müsst euch trauen, das zu leben, den göttlichen Weg. Denn der göttliche Weg ist nicht Armut. Der göttliche Weg ist, kraftvoll euer Leben zu erleben. Und ohne diesen göttlichen Weg geschieht keine Bekenntnis. Deshalb braucht ihr den göttlichen Weg, um zu euch selbst zu stehen, um euch zu bekennen zu euch selbst.

Der göttliche Weg ebnet die Ebenen, bringt die Ordnung in euer Leben und lässt euch im Austausch sein, lässt euch im Fluss sein. Der göttliche Weg kennt keine Vergangenheit. Es ist nur dieser Augenblick, den wir hier schon so oft zusammen erlebt haben.

Und dieser göttliche Weg sieht euren Planeten Erde wieder

als Paradies. Und ihr seid alle durch den Gottesdienst wieder daran beteiligt, dass dieser Planet wieder zu einem Paradies wird, ihr alle. Und ihr alle seid so bereit. Nutzt das Potenzial, was euch hier zuteil wird, nutzt die Kraft, nutzt das Erkennen.

Und bleibt nicht stehen auf dem göttlichen Weg, sondern schreitet voran, ruht euch nicht aus, jetzt habt ihr den göttlichen Weg, geht weiter, manifestiert das Paradies in eurem Leben und somit auf Mutter Erde. Denn das Leben hält alles für euch bereit, alles. Das ist der göttliche Weg, den jedes Lebewesen, jeder Mensch gehen darf, wenn er sich dessen bewusst wird, wenn er bereit ist, sich aus der Angst, aus dieser Familientradition zu lösen und frei zu sein.

In einer Botschaft ging es um die Bereitschaft. Wirklich bereit zu sein, bedeutet, diesen göttlichen Weg zu gehen mit allem, mit allem. Und es gibt einen Text über mich geschrieben. Und dieser Text heißt: „Jesus ist der Weg, die Wahrheit und das Leben." Das ist der Lichtkörperprozess. Die einzelnen Stufen dieser oberen Chakren.

Es ist alles da, alles für euch bereitet. Der Lichtkörperprozess, ein Weg, der die Wahrheit bringt für das Leben.

Und keiner wird das innere Licht, seine Göttlichkeit finden, wenn er sich nicht liebt. Keiner kommt zu Gott ohne die Selbstliebe. Alles ist da. Jesus ist der göttliche Weg. Das 16. Chakra, der göttliche Weg, bringt euch zu Wahrheit, ins Leben. Das ist die Bereitschaft, Gott zu empfangen. Und ihr müsst anfangen, dafür zu leben. Ihr müsst anfangen, dafür aufzustehen, und diesen göttlichen Weg in vielen Wegen manifestieren.

So viel wurde über mich geschrieben, so viel wurde über mich erzählt. Doch die Wirklichkeit ist nicht begreifbar. In einem Buch steht geschrieben, ich hätte Maria Magdalena als Hure, als Frau befreit... Ich habe über die Sexualbänder gelehrt, die entstehen, wenn man sich sexuell auf einen anderen Menschen einlässt, und die eine Verbindung zu dessen Familie herstellen, die 200 Jahre zurück reicht. Das wurde dann so dargestellt, als hätte ich meine geliebte Frau Maria Magdalena aus einem Puff befreit. Das war niemals so, das wurde einfach so dargestellt.

Wir haben als Mann und Frau diese tantrische Energie genutzt, die ab einer gewissen Ebene, ab einem gewissen energetischen Stadium fließt. Und das wird alles so verdreht. Das wurde alles so in die Angst und in die Depression geschrieben. Doch so war es niemals. Wir waren sehr glücklich. Wir hatten tiefe, tiefe kosmische Orgasmen zusammen. Das ist so wichtig, dass ihr das erfahrt. Diese Rolle, die Maria Magdalena aufgedrückt wurde und die dadurch in jeder Frau steckt, muss raus! Das wird gelöst durch den göttlichen Weg. So ist die Reinigung bei euch schon voll in Gange, damit der göttliche Weg für euch frei ist, damit ihr in der männlichen und weiblichen Energie frei seid. Und habt auf eurem göttlichen Weg keine Dogmen mehr, keine Vorstellungen mehr, habt keine Erwartungen, seid einfach da.

Nun wird Jesus euer 16. Chakra andrehen, den 16. DNA-Strang andrehen und auch den Zwölf-Stern-Tetraeder andrehen. Und ihr werdet dadurch alle eine komplett neue, komplett neue Definition von Mann- und Frau-Sein erfahren, auf dem göttlichen Weg, Gott und Göttin, Ekstase, in der göttlichen Kraft zu leben. Und das wird ganz viel mit euch und in euch verändern.

Jetzt wird das 16. Chakra angedreht, der 16. Strang der DNA aktiviert und der Zwölf-Stern-Tetraeder aktiviert und angedreht. Ihr seid die Kraft des Lebens. Nehmt diese große Veränderung an.

STILLE

Jesus ist der Weg, die Wahrheit und das Leben, keiner kommt zum Vater denn durch ihn. Der göttliche Weg ist manifestiert in eurem Leben.

17. Chakra

Die göttliche Stille

Meine Freunde, wie wundervoll, dass ihr da seid, dass ihr die Kraft spürt und euch immer weiter öffnet für die Tiefe, für die Freiheit und für die Stille.

Jesus ist an diesem Abend gekommen, in dieser Nacht zu euch gekommen, um euch einzuweihen in die göttliche Stille. Denn das 17. Chakra ist die göttliche Stille. Und diese göttliche Stille ist das Potenzial für den göttlichen Weg. Die göttliche Stille ist die Verbundenheit mit allem. Und die göttliche Stille ist: Einfach da sein, nichts mehr kontrollieren, nichts mehr verurteilen, einfach in der Liebe verweilen. Und mit euch verweilen, mit euch selbst verweilen, für euch selbst Zeit haben, das was euch gut tut, zu manifestieren.

Und das ist auch göttliche Stille: Aus der Stille heraus zu handeln. Was nicht bedeutet, keine Kommunikation zu haben. Stille bedeutet Kommunikation mit allem, vor allem mit euch selbst. Und diese göttliche Stille ist eine neue Ebene, weil sie gefüllt ist mit göttlicher Energie, weil sie gefüllt ist mit göttlicher Liebe. Euch ist nichts mehr gleichgültig in dieser Stille. Und ihr könnt alles kommunizieren, alles. Und diese göttliche Stille bringt euch in eine tiefe Zufriedenheit, ihr seid zufrieden.

Und das ist sehr wichtig als Botschafter des Friedens, als Botschafter des Lichtes, dass ihr mit euch, mit eurem Körper zufrieden seid. Das ist göttliche Stille, dass ihr verweilen könnt, in eurem Körper, ohne eine negative Energie über euren Körper zu haben. Dieses göttliche Stille beinhaltet das Ganze, die ganze Energie, die ganze Freude, alles beinhaltet diese göttliche Stille, ohne Urteile, ohne euch Selbst zu verurteilen.

Diese göttliche Stille bedeutet nicht, abzuschalten, bedeutet, einzuschalten, euren Kanal, eure Freude, eure Energie einzuschalten und Kontakt zu haben. Göttliche Stille bedeutet, Kontakt mit euch selbst und dadurch mit jedem Lebewesen auf der Erde. Kontakt ist göttliche Stille. Und das ist so wichtig, dass ihr diesen Kontakt habt, um den göttlichen Weg zu gehen. Um die Erkenntnis zur Bekenntnis werden zu lassen, ist es ein so wichtiger Schritt für euch, Stille im Körper zu erfahren, Stille im Ganzen zu erfahren.

Und Stille bedeutet nicht, in die Nichtkommunikation zu gehen, Stille bedeutet wirklich, in die Kommunikation zu gehen, ohne Zweifel, ohne Ängste, einfach Liebe und einfach Leben.

Denn in der Stille ist alles, alles, alles vereint. Gebt diesen Energien mehr Raum in eurem Leben.

Es geht auch um euren inneren Tempel, um euren Körper. Die Stille ist in eurem Tempel, in eurem Körper zu Hause. Und diese Energie, „Jesus schmeißt die Leute, diese Zöllner aus dem Tempel", das war eine Rede über die Stille, wie ich die Gedanken der Menschen wahrgenommen habe. Das waren die Zöllner, die immer hier oben, da arbeiten. (Jesus deutet auf den Kopf). Und die habe ich versucht, zu nehmen, durch diese göttliche Stille. Denn wenn ich über den Tempel gesprochen habe, dann war es der Körper, in dem Gott, die Seele wohnt.

Und ich habe niemand irgendwo aus irgendeinem Gebäude

hinausgeworfen. Das ist gar nicht meine Aufgabe gewesen. Ihr erfahrt hier so viele Wahrheiten, über mein Leben.

Und diese göttliche Stille kann nur geschehen, wenn die Zweifler, die Zöllner aus dem Kopf verschwinden. Und das war die Rede darüber. Und dann werden irgendwelche Menschen aus Gotteshäusern geschmissen, nicht von mir.

Während Jesus mit euch spricht wird natürlich auch schon euer 17. Chakra gereinigt von diesem Ballast. Damit ihr wirklich die göttliche Stille versteht: in euch, in eurem Tempel zu Hause zu sein, mit der Stille und nichts anderes.

Und wenn wir diesen Zwölf-Stern-Tetraeder reinigen und den 17. Strang der DNA, dann ist eure DNA ein Strahl, eine Strahlenergie. Jetzt, ab dem 12. und 13. Chakra, sind diese Stränge ganz lange Strahlen, die in jeder Zelle eures Körpers strahlen. Denn jede Zelle ist mit dieser DNA aufgeladen. Deshalb strahlt ihr anders. Es ist wunderbar euch so zu erleben, euch so nah zu sein, mit euch präsent zu sein.

Und göttliche Stille bedeutet, euch nicht mehr so wichtig zu nehmen. Alles geschieht, göttliche Stille. Ihr seid so wertvoll, ihr seid so reine Wesen, ihr werdet immer reiner. Und lasst eure Schönheit leben, lasst eure Kraft leben, denn ihr seid Botschafter, ihr seid Teil dieser Kraft, ihr seid Teil dieses Auftrags.

Göttliche Stille ist der Tempel, das Zuhause eurer Seele. Und in dem Tempel sind manchmal die Gedanken verwirrend, die Gedanken zweifelnd, und das habe ich auf der Erde versucht zu erlösen.

Die Öffnung zum Kosmos und die Öffnung zur Erde ist göttliche Stille.

Und nun werden wir gemeinsam hier die Kraft nutzen und das 17. Chakra andrehen, so dass euch diese Kraft der göttlichen Stille immer zur Verfügung steht. Und der Zwölf-Stern-Tetraeder wird angedreht und der 17. Lichtstrang eurer DNA wird aktiviert. Jetzt werdet ihr in diese Stille eingeweiht.

STILLE

Es ist wundervoll, dass ihr das Licht in allen Ebenen entdeckt und lebt. Der Tempel ist die Manifestation eurer Seele, das ist göttliche Stille.

Jesus liebt euch unermesslich und Jesus liebt euch so, wie ihr euch selbst liebt.

18. Chakra

Die göttliche Leichtigkeit

Meine geliebten Herzensfreunde, wie schön das wir wieder beisammen sind, um die nächsten Chakren zu öffnen, zu befreien und in Fluss zu bringen.

Jesus ist heute zu euch gekommen, um euch einzuweihen in die Energie des 18. Chakras.

Ihr seid alle eingeladen in eure göttliche Leichtigkeit zu gehen, eure göttliche Leichtigkeit des Himmels auf die Erde zu bringen. Denn göttliche Leichtigkeit ist, die Schönheit des Kosmos mit der Erde zu verbinden. Und göttliche Leichtigkeit bedeutet, dass nichts mehr schwer geht in eurem Leben, das alles, alles fließt.

Dort, worauf ihr eure Aufmerksamkeit lenkt, geschieht Leichtigkeit, geschieht Lebendigkeit. Denn göttliche Leichtigkeit ist Lebendigkeit, in allem was ihr tut, das Leben zu integrieren, das Leben zu erfahren, in allem was ihr tut, die göttliche Leichtigkeit mit einzuladen.

Und eure Seele hat die göttliche Leichtigkeit mitgebracht, einfach die Kraft der Aufmerksamkeit dort hin zu lenken, wo sie gebraucht wird. Und dann ist alles leicht in eurem Leben, alles. Denn die Manifestation von Leichtigkeit ist der Fluss des Lebens, der göttliche Fluss. Und mit der Leichtigkeit kommt ihr in die göttliche Stille.

Ihr alle seid eingeladen, diese göttliche Leichtigkeit zu leben, in jeder Situation eures Lebens die Kraft des Mitgefühls im Miteinander und die Liebe in jedem Atemzug fließen zu lassen.

Und diese göttliche Leichtigkeit richtet euch auf nach oben und nach unten, in die Erde, in die Verwurzelung, und in den Kosmos, richtet eure Wirbelsäule auf.

Ihr könnt mit dieser Leichtigkeit wirklich große Wunder vollbringen in eurem Leben.

So ist auch die Geschichte entstanden, in euren Geschichtsbüchern, wie Jesus über das Wasser laufen soll. Auch das ist eine Überlieferung, Überlieferung, Überlieferung. In dieser Geschichte geht es um die göttliche Leichtigkeit, darum, alles Schwere zu überwinden und leicht zu werden auf der Erde. Und wenn Petrus sagte in dieser Geschichte: "Wenn du es bist, dann laufe über das Wasser, laufe zu uns." Und er lenkte seine Aufmerksamkeit auf das Leben und er lenkte seine Aufmerksamkeit auf sein Herz und hat erkannt, was Liebe ist, was Leichtigkeit bedeutet. Denn Wasser sind die Gefühle. „Dann laufe über das Wasser" bedeutet: „Erlöse alle negativen Gefühle, erlöse die Vergangenheit."

Wenn ihr euren Fokus, eure Energie auf die Leichtigkeit ausrichtet, habt ihr nur noch Glücksgefühle. So wie Petrus, der mich gebeten hat, seine Schatten zu durchleuchten, seine Schatten zu beseitigen, um ganz rein im Herzen zu sein. Das ist die wahre Geschichte in Wundern, über das Wasser zu laufen. Es gibt mit Sicherheit große Meister, die das können. Doch das ist gar nicht wichtig, dieses Außen. Jedes Element beinhaltet für euch eine Vision, beinhaltet für euch ein Geschenk und darum geht es.

Das ist die wahre Geschichte über das Wunder des Wasserlaufens, der befreite Petrus im 18. Chakra. So wie ihr auch jetzt alle von dem befreit werdet, was euch daran hindert, eure göttliche Leichtigkeit auf die Erde zu bringen.

Und wenn euer Verstand den Fokus nur auf die Angst richtet, auf das, was alles passieren kann in eurem Leben, dann passiert es. Mit der göttlichen Leichtigkeit richtet ihr euren Fokus auf das Licht, auf die Liebe und auf die Zukunft, auf die Kraft der Zukunft, auf die Kraft eures Lebens, in allen Ebenen Leichtigkeit.

Geht in diese Kraft, habt keine Angst, euch zu bekennen zu dem was ihr hier erlebt, habt keine Angst davor, überall wo ihr seid auf der Erde bekennt euch dort. Und lasst diese Leichtigkeit immer, immer in jeder Situation fließen. Damit ihr immer bereit seid für das Neue.

Seitdem Jesus heute zu euch gekommen ist, an diesem wundervollen Tag, wird euer 18. Chakra gereinigt von dem Ballast der Gefühle, von dem Ballast der Emotionen. Denn dort im 18. Chakra sitzen emotionale Anhaftungen aus vielen Leben fest.

Ihr bekommt so eine Weite und so eine Tiefe, wie das Meer, mit der Reinigung dieses 18. Chakras. Und gleich, wenn wir es andrehen, entsteht eine Weite, ein Raum, eine Tiefe, eine Kraft.

Nun werden wir euer 18. Chakra andrehen, den Zwölf-Stern-

Tetraeder andrehen und den 18. Lichtstrang eurer DNA aktivieren. Fühlt die Kraft, denn jetzt wird alles aktiviert. Die göttliche Leichtigkeit in eurem Leben, in eurer Energie, in eurem System.

STILLE

Und nehmt diese göttliche Leichtigkeit jetzt an. Sie fließt in alles hinein, was ihr tut. In alles, worauf ihr eure Aufmerksamkeit richtet, fließt die göttliche Leichtigkeit hinein.

Lasst es zu, dass euer Leben in Leichtigkeit, in Würde und in Weite geschieht.

Ihr seid so bereit und Jesus ist so glücklich mit euch, dass ihr solche Sprünge macht in eurem Leben, und dass wir gemeinsam den Auftrag fortführen und dass wir gemeinsam diesen Auftrag hier wieder manifestieren.

Jesus ist der Weg, die Wahrheit und das Leben, keiner kommt zum Vater denn durch ihn. Und das, was Jesus hier entschlüsselt für euch, ist der Lichtkörperprozess der neuen Zeit. Und die Kraft, die wir hier auf die Erde bringen, wird ganz viel verändern auf Mutter Erde.

Jesus liebt euch unermesslich in jedem Atemzug, in jedem Wort der Liebe, das ihr sprecht und in eurem Vertrauen, dieses Werk fortzuführen.

19. Chakra

Die göttliche Liebe

Wie wundervoll, euch an diesem Tage wieder zu treffen, um weiter das zu manifestieren, was ihr euch vorgenommen habt.

Meine geliebten Botschafter der Liebe, es ist wirklich an der Zeit, aufzustehen, aufzuwachen und mit dieser Kraft in jedem Atemzug zu leben.

Denn dafür seid ihr gekommen, dafür seid ihr auf Mutter Erde gekommen, um Botschafter der Liebe zu sein, um Klarheit zu bringen und um zu stabilisieren. Stabilität ist sehr wichtig für die kommende Zeit. Und dieses geschieht mit der göttlichen Liebe.

Und Jesus ist sehr glücklich, dass ihr den Auftrag ernst nehmt, dass ihr mit Liebe die Erde und auch die Menschen, die Tiere und die Pflanzen stabilisiert. Ihr werdet gebraucht. Und es wird nicht so lange dauern, bis euch auch die Regierungen brauchen, um zu stabilisieren, mit Liebe und nicht mit Gewalt.

Das Thema des 19. Chakras ist, die göttliche Liebe überall zu verbreiten, wo ihr seid, die göttliche Liebe anerkennen in jedem Lebewesen. Denn die göttliche Liebe stabilisiert alles, und die göttliche Liebe heilt euch, und die göttliche Liebe heilt die Erde und jedes Lebewesen, und die göttliche Liebe nährt euch, nährt euren Durst und euren Hunger nach Liebe.

Und ihr dürft mit in dieser göttlichen Liebe ankommen, mit dieser göttlichen Liebe heimkommen, euch mit dieser göttlichen Kraft vereinen, der göttlichen Kraft der Liebe.

Diese göttliche Liebe ist das Tor zu noch höheren Ebenen, die ihr ja alle erfahren werdet gemeinsam bis zum 36. Chakra. Und was meint ihr, was da für ein Netzwerk entsteht, wenn ihr so viele Menschen und Tiere durch den Lichtkörperprozess begleitet bis zum 36. Chakra. Wie sich diese Energie, die wir hier manifestieren, potenzieren wird! Welche Lebensqualität entstehen wird auf Mutter Erde! Und die braucht es, die braucht es für jedes Lebewesen.

Wenn ihr bis zum 36. Chakra gekommen seid, könnt ihr direkt von Licht leben, ohne den Lichtnahrungsprozess zu machen, direkt. Und welche Auswirkung wird das für Mutter Erde haben, wenn so viele Menschen von Licht leben!

Dafür ist diese Energie des 19. Chakras ganz wichtig, um die göttliche Liebe einzuladen, um überall, wo ihr seid, diese göttliche Liebe zu verströmen, überall, wo ihr seid, wird alles erhellt. Und auch jeder Schritt, den ihr auf Mutter Erde geht, wird erhellt mit diesem kraftvollen, intensiven Lichtkörper. Einige sehen bereits eure Veränderung, wie euer Licht stärker und stärker wird, wie eure Kraft stärker und stärker wird.

Das ist alles eine Vorbereitung für die kommende Zeit, Lichtverankerung für Mutter Erde und für alle Menschen und für alle Lebewesen, Lichtverankerung.

Das 19. Chakra, die göttliche Liebe, ist beschrieben in dem Buch der Bücher, in der Geschichte, die ich erzählte mit den Fischen und den Broten. Die Liebe gibt euch immer alle Nahrung und die Liebe gibt euch Hoffnung und diese göttliche Liebe ist für alle da. Diese göttliche Liebe fließt, bis alle gesättigt sind, bis das Herz gesättigt ist. Und da ist diese eingeschränkte Geschichte von 5000 Menschen. Doch die Liebe ist für alle da, für 10 Milliarden Menschen, nicht nur für uns drei. Und diese Geschichte sollte ursprünglich die Botschaft sein, dass ihr mit der göttlichen Liebe alles und jeden erreichen könnt.

Und das Brot steht für das Leben und die Fische stehen für das Leben, für die Kraft des Lebens, für die Wunder der Erde, Korn, Brot und Meer, die Kraft der Natur verbunden mit der Kraft der Meere. Denn niemals haben wir irgend etwas getötet, in dieser Zeit als ich als Jesus auf der Erde war, wurde kein einziges Tier getötet, damit der Körper gesättigt wurde, nein.

Sondern es ging um die Schönheit. Wenn ihr euch an der Schönheit erfreut, werdet ihr satt, wenn ihr euch an der Liebe erfreut, an der göttlichen Herzensliebe, dann werdet ihr gesättigt, wenn ihr euch an der Kraft dieser Frucht erfreut, werdet ihr gesättigt. Denn die stoffliche Nahrung, die ihr zu euch nehmt, kann euch nicht mehr sättigen.

Deshalb segnet eure Nahrung, füllt sie auf mit göttlicher Liebe und erfreut euch an allem, was ihr zu euch nehmt und seid dankbar. Doch es ist sehr wichtig, die Tiere leben zu lassen. Und es ist wichtig, nicht wegzuschauen, mit eurem Bewusstsein nicht wegzusehen, auch in die Schlachthöfe zu gehen mit eurem Bewusstsein, einfach da zu sein, und zu arbeiten, damit das ganze Leid der Tiere erlöst wird. Das ist sehr wichtig, dass ihr nicht denkt, mit den 24 Chakren, die dann vertikalisiert sind, angedreht sind, könntet ihr vor irgendetwas weggucken. Ihr könnt alles noch viel intensiver sehen, weil ihr sofort Dinge auflöst in den Menschen, in den Pflanzen, in den Tieren.

Eure Pflanzen werden viel stärker wachsen.

Überall dort, wo ihr eure göttliche Liebe hinlenkt, wird es viel mehr Früchte geben für euch, und eure Tiere werden anders reagieren auf euch. Auch die Menschen werden anders reagieren, wenn ihr so viel Liebe mitbringt, göttliche Liebe. Und deshalb geht in die Schlachthöfe, um dort das Licht hinein zu bringen. Damit verändert ihr ganz viel für die Stadt, für die Menschen, die drumherum wohnen, für die Mitarbeiter. Und fragt die Menschen, die Fleisch essen, ob ihnen das Fleisch wirklich schmeckt. Konfrontiert sie, ob es ihnen wirklich schmeckt, damit es sich auch verändert das Bewusstsein.

Und es ging Jesus um die Schönheit der Nahrung, die euch sättigt, um die Liebe, die euch sättigt.

Es waren damals weit mehr als 5000 Menschen um mich herum, weit mehr. Deshalb lasst diese göttliche Liebe immer durch euch wirken, jenseits von Verurteilungen, jenseits von Beschwerden, seid einfach da. Denn diese göttliche Liebe bringt euch in die göttliche Leichtigkeit und dadurch in die göttliche Stille.

Nun werden wir das 19. Chakra andrehen, den 19. DNA-Lichtstrang aktivieren und den Zwölf-Stern-Tetraeder andrehen, aktivieren.

Spürt, jetzt öffnet sich das Tor zur göttlichen Liebe.

STILLE

Und lasst die göttliche Liebe leben, in jedem Atemzug feiert die göttliche Liebe, in jedem Atemzug.

Und nehmt diese göttliche Liebe wirklich an, lebt sie, bekennt euch zu dieser göttlichen Liebe.

Jesus segnet euch mit dieser göttlichen Liebe. Und wisst, ihr seid Botschafter der Liebe, meine Botschafter der Liebe!

20. Chakra

Die göttliche Vereinigung

Wo zwei oder drei in dieser Nacht versammelt sind, da bin ich mitten unter euch.

Meine Geliebten, es ist wundervoll, euch wahrzunehmen, eure Kraft, eure Weisheit und eure Freiheit.

Das 20. Chakra bedeutet: die göttliche Vereinigung.

Die Vereinigung mit Gott, bedeutet, keine sexuelle, körperliche Vereinigung, sondern bedeutet, die Verschmelzung mit dem göttlichen Bewusstsein, die Verschmelzung mit der göttlichen Liebe.

Die göttliche Vereinigung ist der Moment, in dem alles still steht, in dem ihr Glückseligkeit für alles fühlt und fühlbar wird. Die Vereinigung mit dem göttlichen Potenzial, mit der göttlichen Kraft, mit dem göttlichen Licht ist so wundervoll und ist so leicht. Denn diese Vereinigung geschieht, ihr braucht nichts dafür zu tun. Ihr braucht dafür keinen Partner zu suchen, einfach nur annehmen, und dann geschieht die göttliche Vereinigung. Und dazu braucht es kein Wollen, einfach nur da sein.

Die Vereinigung mit Gott ist nicht, für Gott zu sterben, sondern für Gott zu leben und mit eurem göttlichen Potenzial zu leben. Alles mit dem Göttlichen in euch zu verbinden, alles. Und mit dieser Kraft, mit dieser AMBHURVA-Energie könnt ihr viel leichter euer Leben materialisieren, könnt ihr viel leichter euren inneren Vorhang öffnen und wirklich das Licht schauen.

Die Vereinigung mit Gott ist göttliche Vereinigung mit dem Licht, mit der Kraft und mit eurer Schönheit. Göttliche Vereinigung bedeutet, Körper und Seele sind eine Einheit, nichts ist mehr getrennt, alles ist da.

Und die göttliche Vereinigung geschieht nicht erst mit dem Tod und auch nicht mit der Auferstehung. Die göttliche Vereinigung ist hier und jetzt in eurem Leben, mit dem Leben in die göttliche Vereinigung zu gehen. Und so viele denken immer noch, wenn sie sterben, sind sie erst bei Gott. Doch wenn sie jetzt, in diesem Augenblick, das Licht annehmen und durch euch, durch euch Botschafter der Liebe die Kraft dieser göttlichen Vereinigung spüren, entsteht diese Kraft in diesem Augenblick und nicht erst danach, wenn das Leben vorbei ist.

Davon habe ich damals gesprochen im 20. Chakra des Lichtkörpers und daraus wurde die Kreuzigung, dass nach dem Tod erst die Vereinigung stattfindet. Nein, die Vereinigung findet im Leben statt, die göttliche Vereinigung mit allem darf in diesem Leben, in eurem Leben, jetzt stattfinden, nicht erst nachdem ihr nicht mehr atmet. Das ist doch langweilig! Da braucht ihr auch so gute Botschafter wie Natara, dass wir das alles wieder entschlüsseln können. Im Leben zur göttlichen Vereinigung zu kommen ist göttliche Ekstase, in jedem Atemzug diese Göttlichkeit zu spüren, zu erfahren und mit dieser göttlichen Ekstase, mit dieser göttlichen Vereinigung zu wirken.

Und beschränkt euch nicht auf die sexuelle Ekstase, das ist

langweilig. Bringt die göttliche Ekstase, die göttliche Vereinigung in euer Leben und alles geschieht von selbst. Das „Wollen" verschwindet komplett aus eurem Leben und das ist wichtig.

Und die Kreuzigung wurde in dieser Form erfunden, damit die Menschen nicht im Leben zurück zur Göttlichkeit gelangen, damit sie immer denken, sie müssen warten bis sie den letzten Atem geatmet haben. Doch das ist niemals so.

Und wenn ein Mensch nicht mit der göttlichen Liebe gesegnet ist, wenn ein Mensch nicht mit der göttlichen Vereinigung gesegnet ist, dann lebt er wie ein Toter. Das habe ich damals gesagt. Weil sich der Mensch gar nicht mehr spürt, und das habt ihr jetzt auch wieder in eurem Umfeld, dass sich 60 Prozent der Menschheit nicht mehr spürt, tot ist, weil sie nur noch funktioniert, weil sie nur noch abhängig ist von den ganzen Maschinen um sie herum.

Und die göttliche Vereinigung entsteht in der Umarmung mit euch Selbst, mit der Kraft der Liebe.

Macht euch immer bereit für den Neubeginn. Und seid dankbar für diese Botschaften, die wir euch geben, um zu wachsen, um zu befreien, um euch wirklich mit diesen Informationen in die Welt zu schicken. Damit ihr es schafft, in der Gemeinschaft mit uns, die Veränderung zu manifestieren. Und ihr braucht keine Märtyrer mehr zu sein, ihr braucht nicht Einzelkämpfer zu sein, ihr habt uns und ihr habt euch. Erinnert euch daran, immer.

Und nun werden wir euer 20. Chakra andrehen, euren 20.

Strang der DNA aktivieren und den Zwölf-Stern-Tetraeder andrehen, aktivieren und euer Glück, eure göttliche Vereinigung manifestieren. Jetzt geschieht das Licht, die Liebe und die Kraft.

STILLE

Wie wundervoll, diese göttliche Vereinigung mit euch zu feiern in dieser Nacht. Jesus liebt euch unermesslich, denn ihr führt mein Werk fort. Und dieses Ausmaß kann euer Verstand niemals begreifen. Das könnt ihr nur mit eurem Herzen. Wo immer ihr seid, werde ich mit euch sein, Jesus ist da alle Zeit.

21. Chakra

Die göttliche Gemeinschaft

Meine geliebte Lichtfamilie, wie wundervoll in eurer Gemeinschaft zu sein, um die Kraft, um die Liebe zu vervollkommnen. Jesus ist mit euch, um die Leichtigkeit, um die Schönheit, um die Kraft in euch zu vereinen.

Dieses wundervolle 21. Chakra ist die göttliche Gemeinschaft.

Göttliche Gemeinschaft bedeutet, alles zu ehren, alles im Göttlichen zu erkennen und alles mit dem göttlichen Licht zu durchdringen. Göttliche Gemeinschaft, in der das „Ich" zum „Wir" wird, in der es keine Grenzen gibt, nirgendwo, und einfach die Herzensliebe gelebt wird.

Göttliche Gemeinschaft ist, das Sich-Bekennen zu Gott, das Bekennen zu sich selbst und die Kraft der Liebe zu manifestieren. Göttliche Gemeinschaft bedeutet, jeden zu respektieren, so wie er ist und ihn mit seiner Liebe und seiner Schönheit, mit seiner Kraft zu sehen.

Alles ist in eurem System aufgebaut als angebliche Gemeinschaft, euer Staat ist eine Gemeinschaft, euer System mit den Schulen soll eine Gemeinschaft sein, eure Kindergärten, eure Arbeitssysteme, alles soll eine Gemeinschaft darstellen. Doch wenn die göttliche Energie in der Gemeinschaft fehlt, bricht alles zusammen. So wie jetzt in diesem Augenblick in eurem Land, in eurem Staat, auf der ganzen Welt bricht alles zusammen, weil die göttliche Energie, die göttliche Gemeinschaft nicht gelebt wird, das Respektieren eines jeden und das Fördern eines jeden.

Göttliche Gemeinschaft bedeutet, jeder dient jedem. Und weil das schon lange nicht in eurem System ist, das Dienen, jeder dient jedem, musste das jetzt alles zusammenbrechen. Und alles wird zur Zeit künstlich aufrecht gehalten. Künstliche Gemeinschaften haben keine Wirkung, sie sind tot. Doch es wird alles aufrecht gehalten, um das Alte leben zu lassen und nicht das Neue. Doch das hat keine Kraft mehr, wie ihr auch schon lange spürt.

Göttliche Gemeinschaft ist die Energie des Wirkens, ist die Energie des gemeinsamen Erfahrens, des gemeinsamen Lehrens, und es bedeutet, eine gemeinsame Vision zu haben.

Welches Land auf der Erde hat noch eine Vision, außer Geld zu machen? Das kann nicht funktionieren. Deshalb ist das 21. Chakra so wichtig für die göttliche Gemeinschaft, um das Neue zu kreieren, neue Schulen, neue Plätze für Menschen, neue Gesundheitszentren, neue Wirkungsstätten für Kinder, für alte Menschen. All das entsteht aus der Kraft der göttlichen Gemeinschaft.

Die Familie ist die erste göttliche Gemeinschaft, die ihr erkennt, die ihr erfahrt in eurem Leben. Und so wenige Familien haben noch eine gemeinsame Vision, außer dem Fernseher. Und auch das ist wichtig, da die Liebe hinzubringen. Dort ein neues System für Familien zu schaffen, damit auch hier die Leichtigkeit, die Akzeptanz und das Miteinander wieder viel größer werden.

Göttliche Gemeinschaft ist ein Miteinander, ein Dienen, ein

Tanz, ein respektvolles Miteinander, jeder dient jedem.

Und aus dieser Kraft seid ihr auf die Erde gekommen, um hier die göttliche Gemeinschaft zu erfahren. Doch es ist kein Wunder das ganze Chakren kippen[1] bei dieser Gemeinschaft, die zur Zeit da ist auf der Erde.

Und wenn ihr eine Gemeinschaft aufbaut, in der Menschen zusammen kommen, um zusammen zu arbeiten, dann ist es wichtig, eine gemeinsame Vision zu haben. Nicht einfach: „Wir kommen zusammen, leben zusammen, haben Spaß." Das ist auch wichtig, aber es braucht eine Gemeinsamkeit, es braucht eine gemeinsame Ausrichtung in der göttlichen Gemeinschaft eines jeden Landes, sowie auch im Kleinen, in den Familien, in eurem System.

Es braucht eine Ausrichtung, eine göttliche Ausrichtung, an der alle beteiligt sind und mit der alle im Fluss sind, die alle tragen, alle. Das ist göttliche Gemeinschaft. Und wenn ihr Gemeinschaften gründen wollt, ist es das Wichtigste, ein gemeinsames Ziel zu haben, eine gemeinsame Vision zu haben. Nicht einfach zusammenkommen und schauen, was passiert! Da sind die ganzen Psychen der Menschen da, da sind die ganzen Träumereien da, das braucht es nicht mehr. Es braucht jetzt Menschen, die zusammen leben, die zusammen kommen, um Gemeinschaften zu errichten, um eine Vision zu teilen, um die göttliche Gemeinschaft zu haben, das „jeder dient jedem".

Wir hatten alle eine sehr große Gemeinschaft. Millionen ha-

1 Chakren geraten aus dem Gleichgewicht, wenn der Mensch entgegen seiner Natur lebt.

ben in meinem Zentrum gelebt, Millionen. Und es war eine

Ausrichtung auf die göttliche Liebe, auf die Wunder des Alltags, um wirklich gemeinsam alle zur Erleuchtung zu führen, durch den Lichtkörperprozess.

Das ist göttliche Gemeinschaft, eine Ausrichtung zu haben, eine Vision, eine gemeinsame Vision zu haben, jeder dient jedem. Denn es wollen viele Menschen ein neues System leben.

Und es ist auch sehr wichtig, dass die alten Menschen mit den Kindern leben und die Kinder mit den alten Menschen, denn sie können so viel profitieren zusammen. Es werden große, große Gemeinschaften entstehen auf der Erde, neue, mit diesem System des Neuen, mit der Ausrichtung der göttlichen Gemeinschaft, jeder dient jedem.

Und das ist der Weg: Die göttliche Gemeinschaft. Und das ist so wichtig, wenn ihr diesen Lichtkörperprozess gebt. Ihr erreicht so viele Tausende, Millionen von Menschen. Ihr werdet nicht klein sein. Wir geben euch dieses Wissen nicht für zehn Menschen. Macht euch das bewusst, es werden Tausende, Zehntausende kommen. Seid bereit dafür, seid bereit.

Jesus kommt nicht so oft in den Körper von Natara, um euch einfach nur zu erzählen. Wir initiieren euch in ein komplett neues Bewusstsein für Millionen von Menschen.

Seid bereit, denn wir sind bereit, und wir wollen euch die Bereitschaft mitgeben.

Denn diese Wende ist da, dass die Menschen sich für das Licht

öffnen, dass die Menschen sich für die Bewusstseinsebenen öffnen.
Und deshalb werden wir mit euch Großes vollbringen, nicht Kleines.

Und beschränkt euch nicht im Kopf, ihr seid es nicht wert, warum ihr, das ist völlig egal, ihr seid es jetzt und gut ist. Nicht verurteilen, nicht euch klein machen. Eure Seele hat euch hierher geschickt, um Großes zu verrichten. Und das geschieht mit der göttlichen Gemeinschaft.

Lebt eure Lebendigkeit, lebt eure Herzensmacht, lebt die Herzensmacht der Liebe. Und traut euch, den Menschen zu sagen, wo es lang geht!

Jesus wird jetzt euer 21. Chakra andrehen, euren 21. Lichtstrang der DNA aktivieren und der Zwölf-Stern-Tetraeder wird angedreht. Und die göttliche Gemeinschaft fordert euch heraus, fördert euch heraus, wirklich euren Weg zu gehen.

Jetzt wird sie angedreht, die göttliche Gemeinschaft in euch. Seid bereit für die kommende Zeit. Und seid bereit, mit der göttlichen Gemeinschaft in euch, mit den Menschen, mit den Tieren, mit den Pflanzen in der Gemeinschaft zu sein, in der göttlichen Gemeinschaft.

STILLE

Jesus liebt euch unermesslich. Taucht ein in eure Schönheit, taucht ein in die Gemeinschaft mit Gott und in eine Zielsetzung, eine gemeinsame Vision, und die habt ihr alle durch den Lichtkörperprozess.

22. Chakra

Die göttliche Vollkommenheit

Wo zwei oder drei in Liebe zusammen kommen, in der göttlichen Gemeinschaft zusammen kommen, da ist mein Wirken da.

Meine Botschafter der Liebe, Jesus ist mit euch, um mit euch das 22. Chakra zu manifestieren auf Mutter Erde.

Das 22. Chakra ist die göttliche Vollkommenheit.

Dies bedeutet, vollkommen zu sein in eurem Wirken, nichts mehr im Unklaren zu lassen, alles zu kommunizieren, alles, um wirklich im Herzen zu wirken. Es bedeutet, göttliche Vollkommenheit, göttliches Bewusstsein in die Gemeinschaft zu bringen, in euer Land zu bringen, in die anderen Länder zu bringen dieser Erde, um die Gemeinschaft zu stabilisieren.

Göttliche Vollkommenheit im Frau-, im Mann-Sein, im Austausch, absolut nichts zu erwarten, gar nichts zu erwarten in der Beziehung, in einer sexuellen Beziehung, in einer Partnerschaft. Göttliche Vollkommenheit bedeutet, nichts zu erwarten, von keinem, einfach da sein und Liebe fließen lassen.

Denn euer ganzes Leben, das Leben von so vielen Menschen, ist auf Erwartung aufgebaut. „Wenn du das nicht tust, bin ich böse", „wenn du mir das nicht erfüllst, bin ich böse, dann bin ich traurig, dann mach' ich das nicht", das ist fern ab von göttlicher Vollkommenheit. Einfach da sein und lieben, und keine, keine Erwartungen haben, wie etwas zu sein hat. Im Fluss sein, aus der Liebe heraus handeln, mit jedem Lebewesen. Göttliche Vollkommenheit, aus der Liebe heraus handeln, in jeder Situation, in jedem Atemzug, in allem.

Und dann werdet ihr alles bekommen, was euch zusteht , was ihr euch in diesem Leben vorgenommen habt, was ihr in diesem Leben manifestieren könnt und wollt, was ihr wirklich reinen Herzens mitgebracht habt auf Mutter Erde. Das ist göttliche Vollkommenheit.

Und deshalb geschieht auch jetzt der Ausbruch der Gier, der Ausbruch des Neides, dieses Ich, Ich, Ich. All das bricht zusammen für die göttliche Vollkommenheit in euren Ländern, in jedem Einzelnen, damit ihr wirklich die Kraft spürt für die göttliche Gemeinschaft.

Göttliche Vollkommenheit ist die Essenz von der Gelassenheit und von der Tiefe, die euer Leben bekommt. Aus der Tiefe heraus zu wirken, immer zu wirken, egal ob ihr schlaft, egal was ihr tut, immer zu wirken, immer. Und niemals einer Person sagen: „Du musst so und so sein, damit ich dich lieben kann", das ist keine göttliche Vollkommenheit, das geht ins Gegenteil über, in das Wollen, in das Habenwollen, in das: „Wenn ich dich nicht kriege, geht es mir schlecht".

Doch das ist nicht die Energie, die ihr leben und erleben dürft auf der Erde, sondern es geht weiter darüber hinaus in das Dasein, in die Kraft der Verbindung, in die Kraft des Herzens. Göttliche Vollkommenheit wirklich einzuladen in jede Situation eures Lebens, ist so wundervoll, es ist göttliche Vollkommenheit, göttliches Erwachen in der Freude.

Denn wenn ihr bei euch seid, habt ihr auch immer euren Raum. Und alles kann in diesem Raum geschehen, ohne zu wollen, einfach da sein.

Bittet, so wird euch gegeben, das ist göttliche Vollkommenheit. Bittet, und es wird euch gegeben millionenfach, tausendfach, was jenseits von eurem Verstand ist, wird euch gegeben, jenseits.

Göttliche Vollkommenheit lässt euch da sein. Und göttliche Vollkommenheit lässt euch erkennen, dass ihr nur dienen könnt für Mutter Erde, für die Liebe, für uns, für euch, für alle.

Und lasst euer Leben in Vollkommenheit, in reiner Würde immer stärker werden. Und schaltet wirklich immer mehr eure Gedanken ab, Gedanken des Zweiflers, des Kleinmachers, „ich bin es nicht würdig". All das verlässt euch jetzt durch das Niessen, durch das Lachen[1]. Einen Körper zu haben, ist so etwas wundervolles, so etwas wundervolles. Denn ihr erfahrt die Göttlichkeit in der Materie.

So werden wir jetzt das 22. Chakra andrehen, den 22. Lichtstrang eurer DNA aktivieren und den Zwölf-Stern-Tetraeder andrehen für eure göttliche Vollkommenheit. Jetzt wird es angedreht und aktiviert.

STILLE

---

1 Während ein Chakra vertikalisiert wird, kann es zu verschiedenen körperlichen Reaktionen des Loslassens kommen. Dazu gehört Niessen und Lachen.

Nehmt diese Vollkommenheit an, denkt nicht mehr in Strukturen, denkt in der Weite. Ihr könnt nicht mehr in Strukturen denken, denkt in der Weite, in der göttlichen Weite eures Leben.

Jesus segnet euch, und lasst die Energie fließen in allem, grenzt nichts aus, füllt alles aus mit eurer göttlichen Vollkommenheit.

23. Chakra

Das göttliche Selbst

Meine geliebten Botschafter der Liebe, Jesus ist mit euch, um mit euch die Kraft des 23. Chakras zu aktivieren, um es zu reinigen und um es auch zu stabilisieren.

Das 23. Chakra ist das göttliche Selbst, das göttliche Abbild.

So wie euer Abbild das höhere Selbst ist, ist im 23. Chakra das göttliche Selbst. Und mit diesem göttlichen Selbst werdet ihr heute an diesem wundervollen Tage verbunden, damit ihr aus dieser göttlichen Quelle, - das göttliche Selbst ist auch die göttliche Quelle -, unermesslich schöpfen könnt.

Wann immer ihr diese Quelle braucht, wird sie für euch geöffnet, für euch selbst, für alle Menschen, für die Tiere, für die Pflanzen. Und das ist sehr wichtig, auch wenn ihr in die Länder geht, um zu stabilisieren, Stabilität für dieses Land, für die Menschen, für die Politiker. Dazu braucht es die Verbindung mit dem göttlichen Selbst, die Aktivierung der göttlichen Quelle.

Denn dieses göttliche Selbst ist absolute Freiheit, es bedeutet, frei von allem zu sein, von allen Abhängigkeiten, von allem, einfach nur fließen lassen. Das göttliche Selbst ist die Kraft, die euch lenkt. Wenn wir es andrehen, werdet ihr von dem göttlichen Selbst, von dieser göttlichen Quelle gelenkt auf Mutter Erde.

Das göttliche Selbst, die göttliche Quelle, gibt euch die Kraft, schenkt euch die Lebenskraft, unermessliche Lebenskraft, und lässt euch auch immer wieder zusammen kommen, an Plätzen, an denen ihr erwartet werdet, wo ihr sein könnt, um diese göttliche Quelle wieder in den Menschen zum Fließen zu bringen.

Die göttliche Quelle, das göttliche Selbst, wird in euch aktiviert, in jeder Zelle, um den Menschen dieses Geschenk zu machen.

Natürlich könnt ihr auch Tiere bis zum 24. Chakra einweihen. Das ist ein sehr wichtiger Prozess, auch für Tiere. Und wenn ihr an Plätze geführt werdet, wo die Anfrage besteht, dann macht es auch mit Tieren, mit Pferden, mit Hunden, macht es mit Tieren. Damit sie auch diese Befreiung erfahren, und damit sie noch mehr wirken und nicht mehr so viel übernehmen von ihren Begleitern.

Und die göttliche Quelle, das göttliche Selbst bringt noch mehr eure Schönheit hervor, eure Energie des Körpers, eure Energie der Seele, bringt sie noch mehr zum Glanz, bringt sie noch mehr in das Wirken, damit ihr erstrahlt, überall, wo ihr seid, damit ihr erstrahlt. Und mit dieser Einweihung in die göttliche Quelle, in das göttliche Selbst, kann jede Zelle eures Körpers nur noch strahlen, jede Zelle kann erstrahlen im Licht.

Und mit dieser göttlichen Quelle erfahrt ihr die größte Gelassenheit in eurem Leben und den tiefsten Frieden, damit ihr Wirkende seid, wirklich Wirkende.

Und jetzt könnt ihr das wahrscheinlich viel mehr verstehen, wenn wir sagen, ihr seid Wirkende. Denn überall mit diesem

Licht, das ihr jetzt in euch tragt, - jede Zelle erstrahlt, jede Zelle eures Körpers strahlt Licht aus -, könnt ihr überall wo ihr seid, Impulse setzen, überall, überall. Weil diese Energie ist ja nicht mehr abzustellen, diese Energie fließt immer unermesslich, immer durch euch durch. Und deshalb werdet ihr auch sehr bald die Impulse bekommen, zu beginnen, zu arbeiten und den Lichtkörperprozess für das erste bis zwölfte Chakra auf der Erde zu manifestieren, weil ihr so viel Kraft habt, dass ihr diese Kraft gerne weiter geben werdet.

Und Jesus wird jetzt euer 23. Chakra andrehen, den 23. DNA-Strang aktivieren und den Zwölf-Stern-Tetraeder andrehen, damit wirklich die göttliche Quelle, das göttliche Selbst, immer, immer, immer durch euch und in euch wirkt und damit ihr immer Zugang habt zu dieser Quelle.

Jetzt wird es angedreht.

Und vielleicht könnt ihr eine Kühle merken über eurem Kronenchakra, das ist die Göttliche Quelle, die durch euch fließt.

STILLE

Und ihr werdet so stark geführt, ihr habt alle so viele große lebende Meister um euch herum, in euch, und wirkt in diesem Licht.

Jesus segnet euch und schenkt euch die Befreiung, damit ihr wirklich diesen Auftrag zu hundert Prozent manifestieren könnt.

24. Chakra

Die göttliche Vollendung

Meine geliebten Freunde im Herzen, wie wundervoll, euch an diesem kraftvollen Tag zu sehen, zu fühlen und euch zu erleben.

Jesus ist mit euch, er ist hierher gekommen, um euch in das 24. Chakra einzuweihen, um euch dieses 24.Chakra mit Liebe und Freude und mit dem göttlichen Glanz zu manifestieren.

Das 24. Chakra ist die göttliche Vollendung, göttliche Vollendung.

Göttliche Vollendung bedeutet, da zu sein, göttliche Vollendung bedeutet, frei zu sein, und göttliche Vollendung bedeutet, aus dieser tiefen Ruhe, aus dieser tiefen Kraft zu Handeln.

Und göttliche Vollendung ist die absolute Verbindung zu jedem Lebewesen, zu jedem Lebewesen, zu jeder Pflanze, zu jedem Tier, zu jedem Menschen und auch zu Mutter Erde, die absolute Verbindung zu Mutter Erde.

Göttliche Vollendung bedeutet, wirklich diese Kraft, diese göttliche Liebe, dieses göttliche Volumen auf die Erde zu bringen und auch die Erde damit zu beschenken.

Mit jedem Schritt, den ihr auf der Erde geht, manifestiert ihr die göttliche Vollendung auch für Mutter Erde.

Und deshalb ist es auch für euch so wichtig, wenn ihr in Gebiete geht, wo die Erde bröckelt, wo ein Teil der Erde überschwemmt wird, dass ihr in diesem Bewusstsein bleibt, dass ihr ohne Angst diesen Teil der Erde und auch die Menschen in diesem Land stabilisieren könnt mit der göttlichen Vollendung.

Und deshalb ist es so wundervoll, dass ihr diesen Weg bis hierher mit Jesus gegangen seid und noch viel, viel weiter gehen werdet, als ihr euch vorstellen könnt in diesem Leben, in eurem Körper für lange, lange, lange Zeit.

Denn es ist ein großes Geschenk, in diesem Körper zu sein, es ist ein ganz großes Geschenk, zu riechen, zu schmecken, zu fühlen, die Düfte zu erfahren.

Es ist so wichtig, dass ihr euch davon befreit, dass alles schwer gehen muss, dass ihr müde seid im Körper, dass ihr erstarrt im Körper und dass ihr euch nicht frei fühlt im Körper. Mit diesem Bewusstsein, das ihr mit dem heutigen Tag erlangt, könnt ihr frei sein im Körper, mit der göttlichen Vollendung im Körper und außerhalb des Körpers. Denn die Erfahrungen, die ihr macht, entstehen außerhalb des Körpers und kommen im Körper, kommen in den Körper hinein, das ist so wundervoll.

Und denkt niemals mehr euer Leben wird langweilig und ist langweilig, das ist vorbei.

Schaut die Wege an, die Jesus mit euch gegangen ist, die letzten sechs Tage. Es wird sich alles erst in eurem Leben zeigen. Denn es gibt diesen Alltag, den ihr vorher hattet, bevor ihr auf diese Insel gefahren seid, den gibt es nicht mehr. Dieser Alltag ist gelöscht. Ihr müsst einen neuen Tag erfinden.

Das gibt es nicht mehr, ja, das Meer sagt es euch, das gibt es nicht mehr, es gibt nicht mehr diese Energie, die ihr vorher hattet, bevor ihr zu uns auf diesen Kurs kamt, auf diese Einweihung. Es gibt diesen Augenblick und diese Energie, die ihr habt, zur Verfügung habt, bis zum 24. Chakra, doch es gibt nicht mehr den Alltag, der ist Vergangenheit.

Und es wird etwas Neues in eurem Leben kreiert, es wird etwas Neues in eurem Gehirn kreiert, damit ihr mit dieser Kraft leben könnt. Und damit ihr auch diese Veränderung in eurem System, in eurer Gemeinschaft weiter leben könnt. Das ist sehr wichtig, dass ihr das weiter leben könnt, dass ihr weiter in die Kraft geht, dass ihr weiter in die Verbindung geht, dass ihr wirkt, dass ihr wirkt, dass ihr euch lebt, dass ihr euch in Frieden manifestiert.

Und es ist auch sehr wichtig in eurem Land, dort wo ihr lebt. In dem ihr dort lebt, stabilisiert ihr dieses Land, mit dieser Kraft, die ihr habt. Ihr bringt dieses Land in eine Veränderung, ihr bringt es zum Schwingen, ihr bringt die Menschen zum Schwingen, da wo ihr lebt. Und das ist auch sehr wichtig, diese Stadt, in der ihr lebt, der Ort in dem ihr lebt, wird in eine andere Schwingung kommen, macht euch das immer bewusst.

Denn ihr seid die ersten, die in dem 24-Chakra-System leben, und ihr seid die ersten, die auch in dem 24-DNA-System leben, und auch die ersten, bei denen der Zwölf-Stern-Tetraeder aktiviert worden ist. Das ist ganz wichtig, dass ihr euch das immer wieder bewusst macht, weil es kann auch erst mal einige Auswirkungen geben, in eurem Leben. Zum Beispiel, dass die Menschen umfallen, und es ihnen schlecht wird, weil die Reinigung so stark ist. Doch keine Angst, wir sind da und kümmern uns um sie. Aber das kann geschehen mit dieser starken Aura, mit dieser starken Frequenz, die ihr jetzt überall mitbringt, könnt ihr tiefe, tiefe Prozesse auslösen, in den Menschen. Wenn ihr in die Stadt geht, wenn ihr in die Dörfer geht, kann sich vieles, vieles, vieles erhellen, erhellen. Und das ist ein wichtiger Punkt, das ihr Erheller seid. Ihr seid heller als hell.

Und ihr erhellt alles was in eurem Aurasystem ist. Dieses Ausmaß kann euer Verstand nicht begreifen.

Und passt auf Strom auf, nicht in eurem Haushalt, der ist schon angeglichen, aber in anderen Häusern, in Läden, wenn ihr in Läden noch gehen wollt. Mit diesem Bewusstsein kann es sein, dass die ganze Elektronik ausfällt, mit diesem Bewusstsein, das ihr habt.

Und deshalb will euch Jesus in diese Gebiete schicken, weil eure Aura so stark ist, und weil ihr so einen Radius habt, so ein Volumen mit Licht und Liebe und alles erhellen könnt, erhellen. Und dieses Erhellen bringt Stabilität und bringt Kraft zurück, auch für Mutter Erde.

Göttliche Vollendung ist ein großer Auftrag in eurem Leben, absolut nichts zu verurteilen, jeder ist in seinen Prozessen, seiner Entwicklung. Jeder Metzger, alle sind in ihrem eigenen karmischen Prozess, und das ist wichtig, das stehen zu lassen, es nicht zu beurteilen.

Deshalb sagte Jesus, vor einigen Tagen, geht in die Schlachthöfe. Und wenn drei bis fünf Menschen von euch diesen Schlachthof umstellen, was glaubt ihr, was dann passiert? Die

Metzger legen von alleine die Messer nieder. Nur mit dieser Ausrichtung, nicht mit dem Wort des Kampfes, nicht mit dem Wort des Bösen. Keiner ist böse auf der Erde. Jeder ist so geraten durch diesen karmischen Prozess der Eltern, der Familie, keine Beurteilung, keine Verurteilung von diesem ganzen System der Schulen. Das ist sehr wichtig, auch wenn Schüler mit Waffen versuchen, auf das Leid aufmerksam zu machen. Dann ist es wichtig, dass die Leute, dass ihr dort hinfahrt und dort die Stadt stabilisiert, die Schule stabilisiert, die Schüler stabilisiert, die Lehrer stabilisiert.

Und solange ihr verurteilt, solange ihr euch in dieser Energie des Verurteilens mitreißen lasst, - „das ist nicht gut, das ist nicht gut, das ist nicht gut" - seid ihr immer mit involviert in das ganze System. Doch wenn ihr stehen lasst, was alles zur Zeit auf der Erde geschieht, dann könnt ihr handeln und dann seid ihr Lichtboten, dann seid ihr Boten der Liebe.

Und darum geht es, euch einfach mit dieser Kraft hinzustellen und dann bewegen sich die Dinge von alleine. Das ist so! Da braucht ihr nicht mehr kämpfen um irgendetwas, das geschieht.

Und lebt diese göttliche Gemeinschaft, lebt diesen Tempel.

All diese Schritte, die wir euch jetzt gegeben haben bis zum 24. Chakra, führen euch durch das Leben zur göttlichen Vollendung.

Und darum geht es jetzt und in der Zukunft, euch in die Bereitschaft zu bringen. Es wäre uns ein leichtes, Millionen von Menschen in diese Kraft einzuweihen, doch es geht um euch.

Wir haben euch ausgewählt, wir haben euch mit eurer Seelenkraft verbunden, damit ihr es tut, damit ihr stabilisiert, damit ihr diese Kraft weiterbringt zu den Menschen, damit ihr es tut. Denn ihr seid die Erde, ihr seid der Körper, ihr seid das Bewusstsein des Göttlichen im Körper.

Und das ist die Erkenntnis für euch, dass ihr es tun müsst, dass ihr es erfahren müsst, ohne Urteil, einfach da sein. Und dass ihr jeden in seinem karmischen Prozess lasst, solange er darin sein will, auch Leben für Leben und Leben. Das ist okay. Baut keine Resonanz auf, das wäre doof, das ist nicht okay, nein. Wisst, es ist für alle, für alles, für jedes Lebewesen gesorgt. Das ist göttliche Vollendung. Und die übertragen wir euch, ihr erhaltet diese göttliche Vollendung, um diese Kraft auf der Erde zu manifestieren, um diese Liebe auf der Erde zu manifestieren, um die Menschen zu begleiten in dem Prozess.

Und lebt diesen göttlichen Glanz, lebt eure Schönheit, und lebt eure Energie. Und lasst wirklich euer Herz immer offen für euch und für uns. Lasst wirklich die Kraft immer, immer da.

Und wir werden jetzt das wundervolle 24. Chakra der göttlichen Vollendung andrehen, und den 24. Lichtstrang der DNA aktivieren und diesen Zwölf-Stern-Tetraeder andrehen, um dieses Bewusstsein in jeder Zelle eures Körpers zu manifestieren.

STILLE

Und lebt jetzt euer Leben in der Gemeinschaft, in der Kraft der Liebe, in allem und wirkt, wo ihr seid. Jesus sendet euch die Kraft und die Liebe und große, große Dankbarkeit, auch große, große Dankbarkeit für Natara, dass er dieses Wunder hier durch seinen Körper manifestiert. Denn ein anderer Körper wäre schon längst innerlich verkohlt bei diesen Energien, die wir durch ihn strömen lassen.

Ich bin der Weg, die Wahrheit und das Leben. Keiner kommt zum Vater, denn durch mich. Lebt diese Energie in allem, was ihr tut, und bringt die Kraft dieser göttlichen Vollendung in die Welt.

Dritter Teil

OSTER-CHANNELINGS

Natara channelt Jesus während der Oster-Tage

Retreat „Zeit der Auferstehung", Ostern 2010

Channeling am Gründonnerstag

Jesus erklärt das Ritual der Fußwaschung

Wo zwei oder drei in meinem Namen versammelt sind, da bin ich mitten unter ihnen.

Meine geliebten Schwestern und Brüder. Jesus ist zu euch gekommen, um mit euch das wirkliche Leben zu feiern, dass ihr euch in jedem Atemzug feiert und dass ihr euch aus dem Herzen heraus lebt.

Und Jesus ist zu euch gekommen, um euch die Botschaft des Friedens zu übermitteln. Denn durch Frieden wird euer Planet Erde wieder zum Paradies erblühen.

So viel wurde über mich geschrieben, als ich als Jesus auf der Erde war, sichtbar war, einen Körper angenommen hatte, um mit euch das Leben zu feiern. Um mit euch die Begrenzungen des Lebens zu überwinden, und um mit euch das Himmelreich auf Erden zu manifestieren.

Es war ein sehr, sehr kraftvolles Leben für jeden von euch. Und es waren viele tausend Menschen, die dem Ruf ihres Herzens gefolgt sind, um sich einzulassen, um das Größere in ihrem Leben anzunehmen: die Liebe. Und um in ihrem Leben den Himmel auf die Erde zu holen. Das will Jesus auch in dieser Zeit, in der ihr hier seid, in der ihr euch wieder erinnern könnt und heil werdet.

Denn so viel ist momentan in euren Zellen gespeichert: Angst, Neid, Hass, Wut, Schuld. Und das möchte Jesus auflösen, um euch wirklich wieder dort hinzubringen, wo wir alle zusammen waren: Wir haben die Kraft der Liebe gelebt. Wir haben die Kraft des Vertrauens gelebt. Wir haben die Kraft des Miteinanders geteilt.

Und was ist daraus gemacht worden? Angst, Gier, Missbrauch und Schuld. Doch das war nicht meine Aufgabe. Nein, das war nicht meine Aufgabe. Meine Aufgabe war, den Menschen Frieden zu bringen, ihnen Heil zu bringen, ihnen wirklich ein Gewissen der Liebe mitzugeben, eine stärkende Kraft des Herzens. Und das ist so wichtig, dass ihr das wieder wisst, dass ihr das wieder lebt, dass ihr eure Energie wieder ausrichtet auf die Gemeinschaft. Auf eure innere Gemeinschaft und auf die äußere Gemeinschaft. Dass ihr euch wieder begegnet in Frieden, dass ihr euch begegnet in der Liebe und wirklich das Vertrauen in euch selbst wieder lebt.

In diesen Tagen ist bei euch die Energie des Durchlichtens sehr stark[1]. Und alles, was nicht wahrhaftig ist, hat keine Kraft mehr.

Ihr habt über das letzte Abendmahl gelesen. Das letzte Abendmahl ist die Bedeutung der Gemeinschaft, zusammen in die Kraft kommen, zusammen eine Botschaft von Liebe zelebrieren, zusammen in die Gemeinschaft Liebe fließen lassen. Es geht nicht um das materielle Brot, um den materiellen Wein. Es geht darum, die Kraft der Herzensliebe miteinander zu teilen, die Gemeinschaft zu erfahren, die Gemeinschaft zu würdigen und jeden Einzelnen darin zu stärken.

---

1 Jesus bezieht sich hier auf die Aufdeckung der unzähligen Missbrauchsfälle durch Vertreter der (vor allem) katholischen Kirche.

Dann ist der Körper nicht mehr so hungrig, wie jetzt in dieser Zeit. Wenn die Gemeinschaft da ist, wenn die Gemeinschaft stärkt, dann fließt die Liebe und dann wird die materielle Energie von Nahrung unwichtig. Und die Gemeinschaft braucht es. Deshalb ist so viel Leid, so viel Angst, so viel Gier in eurem System des Lebens, weil die Gemeinschaft nicht mehr da ist.

In meiner Inkarnation als Jesus war die Gemeinschaft das Wichtigste, die Liebe, die Förderung der Liebe, jeden Einzelnen zu stärken und nicht zu schwächen. Und das ist die wirkliche Bedeutung des letzten Abendmahles. Es gab niemals ein letztes Mahl. In der Gemeinschaft gibt es kein letztes Mahl, in der Gemeinschaft ist immer alles da und jeden Tag neu. Es war die göttliche Gemeinschaft, die wir zusammen erfahren haben, im Tanz, in der Musik, in der Stimme, im Ausdruck, auch in der Nahrung. Doch es geht um die Herzensgemeinschaft, um die Kraft, dass wir wirklich zusammen sind, dass wir uns stärken, statt zu schwächen.

Die Fußwaschung hatte folgende Bedeutung: „Reinige deine Chakren, reinige deine Fußchakren. Umso mehr, umso klarer bist du verbunden mit Mutter Erde, umso mehr bist du verbunden mit dem Himmel, dem Kosmos. Und lass die Gedanken hinter dir, lass die Gedanken, die schlechten Gedanken hinter dir, über dich selbst, über jedes Lebewesen." Das war mit dieser Fußwaschung gemeint. Je klarer, je reiner deine Gedanken innerlich sind, umso mehr bist du verbunden mit dir selbst, mit Mutter Erde und mit dem Kosmos. Darum geht es.

Je klarer und je freier du dich auf Mutter Erde bewegst, mit deinen Füßen, mit deinem Körper, umso leichter und umso stärker kannst du Kontakt aufnehmen mit der Gemeinschaft, umso konzentrierter und zentrierter bist du. Dann schaust du nicht: „Was hat der heute an? Was hat die heute für eine Frisur? Was hat die für einen Lippenstift?" Darum geht es nicht.

Diese Fußwaschung war ein Symbol dafür, bei dir zu bleiben, kraftvoll auf Mutter Erde zu sein, verbunden mit dem Kosmos und der Erde. Es ging darum, die Gedanken, die eigenen negativen Gedanken abzuwaschen, heraus fließen zu lassen. Und das war ein sehr heiliges Ritual, in dieser Kraft zusammen zu kommen, in der Gemeinschaft, um diese Liebe zu leben, um eine Ausrichtung auf das Herz zu besitzen, auf diesen Moment, auf diesen Augenblick. Um wirklich die Gedanken rein zu waschen, keine Zweifel, keine Ängste, keine Schuld mehr zuzulassen.

Ihr tragt keine Schuld. Ich bin nicht für irgendjemanden von euch am Kreuz gestorben. Für keinen von euch, für Keinen. Und das ist so wichtig, dass ihr das wisst, damit ihr immer mehr in eure Kraft kommt und damit keiner mehr über euch herrschen kann, damit keiner mehr über euch bestimmen kann, was richtig oder falsch ist.

Es geht um die Reinheit, um die Freiheit, um die Reinheit eures Körpers und eurer Gedanken. Denn ihr haltet euren Körper rein mit euren Gedanken. Und ihr habt so viele krank machende Gedanken, die euch wegziehen von der göttlichen Gemeinschaft. Ihr habt so viele krank machende Gedanken der Angst, dass ihr es nicht wert seid, dass ihr schuldig seid. All das beeinflusst die Gesundheit eurer Zellen. Und deshalb diese Fußwaschung, die eure Gedanken reinigt, damit ihr meine Lehren in euren Körper lassen könnt.

Und es waren nicht nur zwölf Jünger, es waren viele, viele Tausend, die sich vor jeder Begegnung mit Jesus diesem Ritual unterzogen haben, damit ich in ihre Zellen dringen konnte. Das ist der Weg, der Weg auf dem ihr geht, auf dem ihr wandelt, euer Lichtweg: Es ist so wichtig, dass ihr eure Gedanken klar haltet oder sie in Würde loslasst. Denn wenn ihr in euren Gedanken klar seid, in euren Gedanken rein seid, ist euer Körper rein.

Euer Körper ist nur wegen euren Gedanken übersäuert. Euer Blut ist übersäuert, weil ihr nicht klar und rein denkt.

Ihr seid alle wieder hier, um dieses Wissen wieder zu manifestieren und zu aktivieren. Denn jetzt ist die Bereitschaft da. Ihr seid bereit, diese Energie mit Jesus zu teilen. Ihr seid bereit, den Wandel zuzulassen. Und der Wandel ist da. In Allem ist ein Wandel, in Allem. In Allem ist ein Wandel. Und wir waren so viele tausende von Menschen, die die Vision der Reinheit im Herzen getragen haben; die Vision, reines Bewusstsein zu werden, göttliches Bewusstsein zu werden, durch die Gedanken das Paradies in den Körper einzuladen und auch das Paradies zu sein.

So schaut euch an wie alle Menschen zur Zeit mit Mutter Erde umgehen. Da kann der Körper nicht das Paradies werden und Mutter Erde kann auch nicht das Paradies werden. Und genau das habe ich auch schon vor 2000 Jahren gesagt: „Werdet euch eurer Verantwortung bewusst!" Das hat nichts damit zu tun, Schuld zu tragen oder sich hinter Mauern zu verstecken.

Reines Bewusstsein zu werden heißt, ohne eine Anhaftung zu sein, ohne einen schlechten Gedanken über den Tag, über das Wetter zu sein. Es bedeutet, einfach da zu sein und dann kommt die Energie in eurem Herzen an. Wenn ihr reines Bewusstsein seid, dann seid ihr gleich mit Jesus, dann seid ihr eins mit mir. Und das ist das Größte, eins zu werden mit Jesus, eins zu werden mit eurem göttlichen Bewusstsein.

Und es geht Jesus gar nicht darum, was damals war. Die Ebene, in der ich mich in diesem Raum befinde, die ist so voller Leichtigkeit, so voller Würde und so voller Lichtkraft. Und was ist in 2000 Jahren daraus gemacht worden? Kriege werden geführt wegen mir. Das ist nicht meine Absicht gewesen. Und das habe ich nicht initiiert. Das hat der Verstand der Menschen gemacht. Doch das Bewusstsein reiner Liebe soll auf euch alle übergehen. Immer.

Die Reinigung der Füße war auch symbolisch die Reinigung der Seele. Lebt in diesem Bewusstsein! Lasst die ganze Angst los. Lasst das Fegefeuer los. Das gibt es nicht, das gibt es nur in euren Gedanken. Und wenn ihr euch diese Gedanken erschafft, warten Millionen von Seelen da oben auf das Fegefeuer. So könnt ihr gar nicht rein werden in eurem Bewusstsein. So könnt ihr gar nicht rein werden in eurem Körper, wenn ihr auf das Fegefeuer wartet. Wartet nicht darauf. Das gibt es nicht. Da oben warten Millionen von Seelen auf das Fegefeuer, weil sie es mit ihrem Bewusstsein erschaffen haben. Und sie glauben daran, auch wenn sie ihren Körper verlassen haben. Und sie lassen sich nicht abbringen. Sie wollen leiden, weil sie denken sie haben diese Schuld auf sich genommen. Überlegt euch dieses Ausmaß.

Doch wenn ihr rein seid und keine Angst habt, wenn ihr für alles geradesteht und die Verantwortung für euer Leben übernehmt, seid ihr frei. Und das ist auch mit der Fußwaschung gemeint. Rein, reinen Körpers zu sein, dass das Paradies in euch entsteht und ihr es auf der Erde manifestiert und umgekehrt. Doch das geht nur über reine Gedanken, über euer reines Feld. Macht euch das immer bewusst. Ihr habt euch so abhängig gemacht von eurem Verstand. Doch ihr seid Liebe. Ihr seid pure Liebe. Ihr seid auf die Erde gekommen, um zu wachsen, um diese Liebe zu verteilen, um diese Liebe zu leben. Das Fegefeuer existiert in keinem einzigen Seelenplan. Nehmt das an. Lasst diese Kraft zu.

Wo zwei oder drei in meinem Namen versammelt sind, da bin ich mitten unter ihnen.

Karfreitag, erstes Channeling

Das Bild des gekreuzigten Jesus

Wo zwei oder drei in meinem Namen versammelt sind, da bin ich mitten unter ihnen.

Meine geliebten Schwestern und Brüder. Meine geliebten Lichtkinder. Jesus ist zu euch gekommen, um mit euch die Liebe zu teilen, um mit euch die Schönheit auf Mutter Erde zu teilen und um mit euch die Kraft der Herzenskommunikation zu teilen.

Wenn ihr den Weg auf Mutter Erde antretet, wisst ihr, wer euer Vater und eure Mutter sind. Ihr wisst, ob sie sich trennen oder nicht. Und ihr kennt eure Themen, die ihr mitbringt, die ihr auf Mutter Erde erledigen wollt, um eines Tages ganz frei und voller Klarheit wieder gehen zu können. Und die Lebensvision einer jeden Seele ist die Verankerung der Liebe auf Mutter Erde. Die Verankerung der Herzensliebe auf Mutter Erde.

Keine Seele weiß vorher, dass sie missbraucht werden wird im Körper. Keine Seele weiß vorher um das Leid, das auf Mutter Erde existiert. Die Seele kommt in göttlicher Freiheit, um auf Entdeckungsreise zu gehen auf Mutter Erde. Doch wenn eine Seele wüsste, dass sie in menschlicher Form Leid erfahren wird, würde sie nicht kommen. Und das ist so wichtig für die kommende Zeit, dass ihr das wisst. Die Seele weiß in welche Familie sie sich inkarniert. Und die Seele weiß, wer ihre Geschwister sind in diesem Leben, und dass sie die Liebe in Menschengestalt verankern darf. Und das haben so viele Menschen vergessen. Deshalb ist es so wichtig, dass dieses Wissen jetzt wieder auf die Erde kommt, um die Leichtigkeit und die göttliche Ordnung wieder in allem einzuladen.

Und in meinem Leben als Jesus habe ich so viel erklärt, ich habe euch auf so viele Reisen geschickt, euch so viele Gleichnisse gegeben, euch so wichtige Dinge gelehrt, die alle weggefallen sind, die alle unbrauchbar gemacht worden sind, damit ihr nicht in die Freiheit geht, sondern in die Angst und in die Schuld. Der Weg ist, dass ihr euch bewusst werdet, wie sehr ihr geliebt werdet von uns, wie sehr ihr begleitet werdet von uns, und dass ihr bei euch wieder ankommt, dass ihr die Verantwortung niemals abgebt über euer Leben, dass ihr ankommt und euch selbst immer im Herzen begegnet.

Du kannst andere lieben, nur so wie du dich selbst liebst. Doch diese wirkliche Liebe ist völlig abhanden gekommen. Diese Liebe ist in dieser Zeit bei euch auf der Erde eingeschlafen, weil 80 Prozent die Verantwortung abgegeben haben. Doch es ist so wichtig, dass ihr euch wieder liebt, dass ihr euch wieder in den Arm nehmt, euch selbst. Denn ihr seid niemandem so wertvoll wie euch selbst. Niemandem.

Und ich habe euch keine Schuld abgenommen, denn es gibt gar keine Schuld. Ich bin nicht für euch am Kreuz gestorben, um euch diese Schuld zu nehmen. Und wie könnt ihr Liebe für euch empfinden, wenn ihr mich anguckt als gekreuzigt? Ihr sollt die Liebe für euch empfinden in der Freiheit, in der Begegnung, in der göttlichen Gemeinschaft. Und das ist so wichtig, dass ihr euch alle wieder findet, dass ihr euch wieder selbst vertraut und dass ihr die Möglichkeiten, die euch das Leben schenkt, wieder annehmt. Wenn ihr es wollt, könnt ihr in jedem Atemzug aus dem Leid ausbrechen und in das Leben zurückkehren.

Ich wurde lange gelehrt von den alten Meistern im Himalaja. Zwischen meinem neunten und 21. Lebensjahr bin ich im Himalaja gewesen und wurde dort eingeweiht. Meine Liebe hat sich immer mehr gefestigt auf dem Planeten Erde. Denn alles ist möglich mit der Herzensliebe. Alles ist veränderbar mit der Herzensliebe.

Ich wurde in alle alten Weisheiten der Veden[1] eingeweiht und ich wurde auch in die Unsterblichkeit eingeweiht. Das bedeutet, ich kann meinen Körper mitnehmen in die verschiedenen Ebenen. Und das ist auch die Überlieferung: Der Stein ist weg, die Höhle ist leer. Das ist die größte Einweihung, den Körper mitzunehmen in andere Ebenen.

Und die Menschen haben sich erfreut an dieser Herzensliebe. Sie haben gespürt, dass sie sich danach sehnen wieder in dieser Kraft zu sein. Die Seelen wurden erhört. Denn jede Seele ist göttlich. Jede Seele kommt aus dem göttlichen Bewusstsein und wird in diese Dichte hineingeboren. Die Manifestation der Seele ist der Körper. Und der Grund, weshalb so viel Leid im Leben geschieht ist, dass die Verbindung zwischen Seele und Körper nicht mehr da ist. Deshalb irren so viele tote Menschen, so viele tote Körper auf der Erde herum, weil sie keinen Kontakt mehr haben zu ihrer Seele, zu ihrer göttlichen Präsenz. Deshalb entsteht die ganze Gewalt. Und die göttliche Ordnung ist dadurch geschwächt.

Und für jede Seele ist es so wichtig, sich wieder in der Gemeinschaft zu finden, in der göttlichen Gemeinschaft wieder in der Kraft zu sein. So viele Menschen brauchen jetzt

---

1 Wichtigste Sammlung religiöser Texte im Hinduismus.

Liebe, weil alles in Veränderung ist, weil alles in Aufruhr ist und alles, nach einiger Zeit wieder neu in die göttliche Ordnung kommt. Und das bringt ganz viele Chancen mit sich.

Doch es ist sehr wichtig, euch gegenseitig zu stabilisieren und die Menschen und Tiere und Pflanzen zu stabilisieren. Und schaut immer auf die Natur. Schaut auf die Pflanzen, schaut auf die Erde, denn das ist euer größter Lehrmeister.

Lasst euch nicht aufhalten von den ganzen Meldungen, von den ganzen Nachrichten. Bleibt bei euch. Lasst euch nicht mehr involvieren. Sondern bleibt bei euch. Haltet eure Liebesenergie für euch selbst aufrecht. Denn dann seid ihr Leuchttürme. Und es waren damals tausende von Menschen.

Jesus hat auch so viel über die befreite Sexualität gesprochen. Doch wenn ihr überall die Kreuze aufhängt, so blockiert das eure Lebensenergie. Denn die Lebensenergie fließt durch die Handchakren, die Lebensenergie fließt durch die Fußchakren, und die Lebensenergie fließt durch das Herz und durch jede Zelle.

Doch wenn ihr mich aufhängt, in dieser Form am Kreuz, ist eure Lebensenergie geblockt. Meine Lebensenergie fließt nicht durch das Kreuz. Es ist nicht meine Lebensenergie und meine Geschichte, die dort hängt. Doch wenn ihr euch auf das Kreuz fokussiert, dann wird eure Lebensenergie geblockt. Und dann könnt ihr auch keine freie Sexualität mehr leben. Dann könnt ihr nicht zusammen in der Partnerschaft als Frau und Mann und Frau und Frau und Mann und Mann erwachen. Dann ist immer ein Ungleichgewicht vorhanden. Und wenn dieses Kreuz überall hängt, schwindet die Lebensfreude.

Ihr habt keine Schuld. Und ich bin niemals für eure Schuld gestorben. Das bin ich nicht gewesen. Das waren andere. Es gab Menschen, die nicht wollten, dass die Kraft von Jesus so stark in die Welt geht. Es gab Menschen, die mich umbringen wollten. Doch sie haben es nicht geschafft. Und wir sind in viele Länder gereist. Maria Magdalena und ich sind in sehr vielen Ländern gewesen und haben dort das Wissen der Veden, das Wissen der Freiheit gelehrt. Wir waren nicht nur an einem Ort. Wir sind sehr viel umhergezogen, um die Erlösung mit jedem Menschen zu feiern, um die Freiheit in jedem Menschen einzuladen.

Lebt das neue Fest. Lebt eure neue Auferstehung in der Gemeinschaft. Wie Jesus in der vorangegangenen Einheit, in der letzten Begegnung sagte: „Lasst die alten Gedanken los, das alte Bild von Jesus dem Gekreuzigten. Lasst das los und lebt eure Kraft. Lebt eure Herzensliebe. Und lebt diese Göttlichkeit, die euch zu Teil wird in diesem Leben, in dieser Fülle, in die ihr euch inkarniert habt."

Und bei dieser großen, großen, großen Veränderung für die gesamte Mutter Erde kraftvoll dabei zu sein, und diese Begegnung, jetzt, in diesem Augenblick, zu erfahren, ist ein ganz großes Geschenk eurer Seele an euch, an euren Körper. Eure Seele kann sich an alles erinnern. In eurer Seele ist alles, alles, alles, gespeichert.

Und Jesus aktiviert das Wissen wieder in euren Zellen, damit euch alles leichter fällt auf Mutter Erde, damit es euch besser geht und damit ihr wirklich in eure göttliche Kraft kommt.

Denn das war schon die Lehre von Jesus vor 2000 Jahren: Mit der Herzensliebe könnt ihr alles, alles verändern.

Mit der Herzensliebe könnt ihr euch neu manifestieren. Mit der Herzensliebe könnt ihr Wein zu Wasser und Wasser zu Wein verwandeln. Und Jesus möchte euch wirklich einladen, euch zu erneuern, die alte Geschichte über Bord zu werfen, die alte Geschichte von Jesus hinter euch zu lassen, damit wir hier gemeinsam eure innere Auferstehung feiern können, damit wir gemeinsam das Fest eures Lebens in jedem Atemzug feiern. Und nicht nur ein Mal im Jahr.

Jesus segnet euch für euren weiteren Weg und für eure Liebe. Ich bin der Weg, die Wahrheit und das Leben. Keiner kommt zum Vater, denn durch den Christus in sich.

Karfreitag, zweites Channeling

Jesus vollzieht das Ritual der Fußwaschung mit den Kursteilnehmern

Wo zwei oder drei in meinem Namen versammelt sind, da bin ich mitten unter ihnen.

Meine geliebten Lichtfunken der Liebe. Jesus ist an diesem Mittag zu euch gekommen, um euch von der Angst zu befreien, um euch von der Schuld zu befreien, um euch wirklich diese tiefe, tiefe Liebe und die tiefe, tiefe Schönheit zurück zu geben.

Angst bringt keine Klarheit. Angst bringt Unklarheit. Und es ist von so großer Wichtigkeit, dass ihr alle in die Klarheit geht, dass ihr alle in eure Klarheit kommt und euch ganz bewusst neu entscheidet. Denn was Jesus in der vergangenen Einheit mit euren Zellen gemacht hat, wird sich auf alle Leben, wenn es noch welche gibt, auswirken und auch auf alle eure Familienmitglieder. Denn es wurden alle Einweihungen aus irgendwelchen rituellen Zusammenhängen gelöst, aus dem jetzigen Leben und dem Leben vorher und vorher und vorher.

Ihr seid schon so lange in dieser Schleife der Inkarnation. Ihr seid schon so lange immer wieder in diesem Rad der Inkarnation. Immer wieder durch das unbewusste, unklare Leben, durch eure unklaren, unbewussten Gedanken. Doch wenn ihr beherzigt, was euch Jesus in diesen Begegnungen vermittelt, und wenn ihr eure Gedanken immer rein haltet und für ein kraftvolles „Ja!" einsetzt, dann entsteht kein Leid mehr in eurem Leben. Dann ist das Leid weg.

Wenn ihr diesen gekreuzigten Jesus, wenn ihr meinen toten Körper anschaut, so kann aus diesem Bild keine Energie mehr fließen. Aus den Fußchakren fließt die kosmische Energie und die Erdenergie nach oben und die kosmische Energie nach unten in die Erde. Und aus den Handchakren genau so.

Und wenn ihr euch das immer zum Vorbild macht, diesen gekreuzigten Jesus mit den durchbohrten Hand- und Fußchakren, wird sich bei euch dieses auch manifestieren. So wie sich jetzt Millionen von Menschen darauf einstellen, dass Jesus in diesen Minuten getötet wurde.

Doch ich kann euch bewusst und ganz getrost sagen, dass die Kraft und die Liebe stärker ist als jeder Tod. Sie haben alles vermischt die Überlieferer und Überlieferer und Überlieferer. Denn wenn so eine wichtige Situation erst tausend Jahre später aufgeschrieben wird, was ist dann noch die Wahrheit?

Dadurch, dass sich so viele tausende von Menschen mit der Kraft von Jesus im Herzen berühren haben lassen, wurde eine wachsende Liebesenergie auf der Erde verteilt, und auch Mutter Erde hat es genossen so viel Liebesenergie zu erhalten.

Wir mussten für einige Zeit aus dem heiligen Land fliehen, um unsere Familien nicht zu gefährden. Alle zwölf Jünger, meine zwölf Seelenanteile, verkörpert noch mal in einem Körper, hatten Familie. Jesus wollte das so, denn um wirklich in die eigene Kraft zu kommen, ist es wichtig, in der Beziehung zu sein: mit sich selbst und auch mit einem Partner. Es ist wichtig, in Beziehung zu sein, sich auf sich selbst zu beziehen, auf den anderen zu beziehen und wirklich in der Herzensverbundenheit zu sein, in der Herzensliebe. Und deshalb war es sehr wichtig für uns, damals, das heilige Land zu verlassen. Und wir haben uns verteilt.

Das Wissen der Chakren war damals genauso aktuell wie heute. Und wir haben uns auf die damaligen Energiezonen der zwölf Chakren der Erde begeben; um die Erde zu stabilisieren, um die Erde zu reinigen, um dort überall in diesen zwölf Energiezentren, auf den zwölf Chakren der Erde eine Stätte der Liebe zu errichten. Und dadurch ist das wirkliche Wissen nicht verschüttet worden. Es wurde aufgeschrieben und jetzt wird es wieder für euch ganz präsent.

Ihr seid alle mit in diese Energiezentren gegangen, mit den verschiedenen Seelenanteilen von Jesus. So konnte ich durch jede Jüngerschaft der zwölf Jünger wirken und hatte gleichzeitig zwölf Plätze, die ich bereisen durfte, um weiter mit Maria Magdalena und meinen zwei Kindern einzukehren und zu wirken.

Und deshalb ist es so wichtig, euch von der Vergangenheit zu verabschieden. Das Grab war leer, weil ich meinen Körper mitgenommen habe. Irgendwann, sehr, sehr alt, habe ich mich zurückgezogen ins Himalaja-Gebirge und habe dort meinen Körper mitgenommen in die anderen Dimensionen. Maria Magdalena hat ihren Körper auf der Erde gelassen, weil sie danach andere Aufträge hatte in den Lichtreichen. Doch wir sind immer noch sehr, sehr verbunden und wirken immer noch für euch auf Mutter Erde. Immer noch. Ihr Körper ist in Frankreich und zu gegebener Zeit werden wir euch auch den Ort übermitteln. Doch es ist gar nicht wichtig. Wichtig ist, dass sie eine große Meisterin war und die Kraft der Göttin vereint hatte.

Und Jesus will nichts Größeres für euch, als den Frieden in eurem Leben; dass die Seele durch euren Körper wirken kann, und dass ihr glücklich seid auf Mutter Erde.

Und Jesus wird jetzt eure Handchakren und Fußchakren reinigen, damit ihr wirklich rein werdet, damit ihr ganz rein auf Mutter Erde wandelt, damit ihr mit euren Chakren wirklich die Erdenergie abgebt und aufnehmt, und die kosmische Energie abgebt und aufnehmt.

Nehmt eure Hände auseinander und überkreuzt eure Beine nicht. Alles wird verbrannt, was in euren Handchakren und Fußchakren da ist, alles, was euch nicht in der Kraft sein lässt.

Und lasst diese Kraft immer durch euch fließen, so wie jetzt. Alle Wunden, alle Eindrücke sind gelöscht. Und ihr dürft wirklich alles neu berühren, alles neu erspüren mit euren Fußchakren, mit euren Handchakren, alles ist neu, denn alles ist hier in diesem Rauch verbrannt. Nehmt euch ernst, ihr seid göttliche Wesen. Eure Seele ist so rein. Und lasst die Vergangenheit los, immer, immer, immer mehr. Lasst die Liebe in jeder Zelle eures Körpers wieder fließen.

So viele Menschen, die immer noch an diese Energie von Jesus glauben, die Kreuzigung, werden krank, weil ihre Lebensenergie abgedrückt wird durch die Energie des Kreuzes und weil sie sich das immer noch vorstellen. Und das ist so wichtig, dass ihr es den Menschen sagt: „Alle Kreuze abhängen!" Damit das Leid ein Ende hat.

Und ihr müsst nichts für Jesus tun, außer euch selbst zu lieben. Das ist das Größte. Damit erweist ihr mir das größte Geschenk, wenn ihr euch selbst liebt. Und mehr braucht ihr nicht.

Wir werden jetzt mit einer Feuerschale hier zu jedem kommen und jeder hält seine Hände kurz über das Feuer für die Reinigung. Und habt keine Angst vor dem Rauch. Das ist die alte Energie, die sich erlöst. Haltet einfach die Hände kurz darüber. Das ist das Feuer von Jesus. Traut euch. Alles wird verbrannt.

Jesus entzündet das Feuer in einer großen Schale. Eine Assistentin von Natara geht herum und reicht jedem die Schale.

Schaut euch den Rauch an. Im Himalaja, dort, wo ich meinen Körper mitgenommen habe, in einer Höhle, brennt seitdem immer dieses Feuer, immer, und es geht niemals aus. Das ist Leben. Und das ist Schönheit.

Und seid achtsam jetzt mit euren Handchakren und Fußchakren. Ihr werdet eine ganz andere Wahrnehmung haben. Das, was ihr berührt, wird sich ganz neu und anders anfühlen.

Jesus segnet euch. Und lasst die Liebe fließen. Lasst die Schönheit fließen durch eure Hände, durch eure Füße, durch jede Zelle.

Und wenn ihr ein Kreuz hängen seht, nehmt es ab.

Denn ich bin nicht der, der da hängt.

Wo zwei oder drei in meinem Namen versammelt sind, da bin ich mitten unter ihnen.

Karfreitag, drittes Channeling

Brot und Fisch: Ein Bild für die Sättigung durch unendliche Liebe

Wo zwei oder drei in meinem Namen versammelt sind, da bin ich mitten unter ihnen.

Meine geliebten Lichtgeschwister, Jesus ist da, um mit euch das Leben zu feiern, um jede Situation in eurem Leben zu feiern. Auf dass ihr eure ganze Liebe auf Mutter Erde lebt. Denn ihr habt unendlich viel Liebe zur Verfügung. Euer Herz ist voll mit Liebe. Die habt ihr alle mitgebracht, diese Liebe, die bedingungslose Liebe zum Leben.

Und es ist wichtig, diese Liebe wieder zu aktivieren in euch, dass ihr euer ganzes Potenzial auf Mutter Erde lebt, denn eure Seele hat sich zu einem kraftvollen Leben entschlossen. Eure Seele hat sich zu einem Leben in Schönheit und in Klarheit entschlossen. Und da geht es jetzt wieder hin: In die Klarheit, in die Vision der Klarheit, und in die Freude.

In meinem Leben als Jesus habe ich sehr viel über den Tod gesprochen, über die Inkarnationen, über die vielen, vielen Leben, die jedes Lebewesen auf Mutter Erde hat, um zu wachsen, um zu lernen und um die Liebe wieder zu leben.

In jedem Leben erhält jedes Lebewesen die Chance, das Werk zu vollenden. In jedem Leben bekommt jedes Lebewesen die Chance, die Inkarnation zu stoppen. Aber das ist durch die ganzen Ablenkungsmanöver gar nicht mehr greifbar in eurem Leben. Doch wenn ihr euch ausrichtet, wenn ihr euch leer macht, ist da keine Beurteilung mehr, ist da keine Verurteilung. Da ist Liebe, in eurem Verstand ist Liebe. Und wenn das da ist, wird es viel leichter, aus dem Rad der Inkarnation auszusteigen, aus dem Rad der Wiedergeburt auszusteigen.

Ihr durchlebt immer wieder, immer wieder, immer wieder die selben Situationen. Doch ihr habt alle die Möglichkeit, in diesem Leben das Rad der Wiedergeburt anzuhalten, alle. Indem ihr euch ausrichtet, indem ihr euch bewusst werdet, wie kostbar dieses Leben ist. Indem ihr keine Zeit mehr verschwendet für irgendwelche Spielchen, für irgendwelche Verurteilungen, für irgendwelche Dinge, die euch Energie entziehen. Wenn ihr in jedem Atemzug präsent seid, in Verbindung mit eurem Herzen, in Verbindung mit eurer Liebe seid, dann werdet ihr heil, dann werdet ihr gesund.

Das ist auch die innere Auferstehung, wenn euer Verstand gesundet., wenn sich die Ängste und Zweifel alle auflösen und ihr wirklich nach eurem Herzen lebt.

Und wir haben so viele Millionen Menschen in ihr Herz eingeweiht, als wir auf Mutter Erde weilten, um die Menschen von der Angst zu befreien und wieder in jedem Lebewesen das göttliche Feuer zu entfachen, damit niemand die Macht über euch hat, damit keiner zu euch sagen kann: „Du kommst ins Fegefeuer, wenn du dies oder das tust oder lässt!"

Doch Jesus ist nicht mehr bereit für solche Spielchen, dass die Menschen im Namen von Jesus irgendetwas vollziehen. Deshalb hat Jesus es selber initiiert, dass die Kirchtürme wackeln. Und sie werden noch viel mehr wackeln. Denn das, was in diesem Glauben geschieht, ist nicht das, was meine Lehre je war.

Meine Lehre war, wirklich jedes Lebewesen zu schützen, jedem Lebewesen die achtsame Liebe entgegen zu bringen und jedes Lebewesen in Gott zu sehen, jedem Tier, jedem Stein, jeder Pflanze, jedem Lebewesen als göttliches Wesen gegenüberzutreten.

Und Jesus hat nicht einmal in seinem Leben irgendein Tier getötet oder gegessen. Alle Tiere sind genauso beseelt wie ihr. Sie sind göttliche Kreationen. Und deshalb werden auch so viele Menschen krank, weil sie so viele göttliche Kreationen essen, was die Seele gar nicht will. Und die ganzen Seuchen haben nichts bewirkt. Viele Menschen denken immer noch sie brauchen die Information des Todes. Wenn ihr totes Tier esst, wenn ihr totes Leben esst, habt ihr immer die Information des Todes in eurem Energiefeld, in euren Zellen. Und lasst es nicht mehr zu. Lasst wirklich jedes Tier leben.

Mit der Geschichte von dem Brot und den Fischen ist die Liebe gemeint, die unendliche Liebe, die euch sättigt, die euch nährt. Doch wir haben niemals, an keinem Ort der Welt, irgendein Blut vergossen, um es zu essen, niemals. Und das ist sehr wichtig für eure weitere Energie und euer weiteres Fortkommen. Denn je mehr ihr Menschen die Messer wetzt für die Tiere, umso mehr Menschen werden krank. Denn das ist nicht in der göttlichen Ordnung, die göttlichen Kreationen so abzumetzeln, so abzuschlachten, so in die Angst zu treiben. Und Tiere haben genauso ein Recht auf würdevolles Leben, denn sie sind von Gott geschaffen, um mit euch zusammen die Erde im Gleichgewicht zu halten. Doch wenn ihr diese Tiere tötet, ist alles aus dem göttlichen Gleichgewicht geflossen.

Und wir fordern wirklich jeden Menschen auf, kein Fleisch

mehr zu essen, nichts mehr anzurühren, wo Blut geflossen ist. Das bringt euch nicht weiter, das fördert die Inkarnationen. Wenn ihr Fleisch esst, geht das Rad der Inkarnation immer weiter, immer weiter, immer weiter. Doch wenn ihr kein Fleisch mehr esst und eure Bewusstseinsenergie immer stärker wird, könnt ihr es stoppen. Denn wenn ihr totes Tier esst, die Information von Tod in euren Gedanken habt, so wird euer Körper auch getötet durch die Gedanken, die ihr denkt, wenn ihr totes Fleisch esst. Es ist ein Kreislauf und ihr kommt wieder und wieder und wieder.

Doch wenn ihr aufwacht und wirklich jedes Tier, jede Pflanze, jeden Stein als göttliche Kreation anseht, dann habt ihr die Möglichkeit zu wachsen, dann habt ihr die Möglichkeit zu lieben, dann habt ihr die Möglichkeit euer Leben zu einem Paradies zu manifestieren. Doch solange ihr Fleisch esst, und jedes Lebewesen, und viele Lebewesen getötet werden, ist das Paradies noch weit entfernt.

In der damaligen Zeit, mit mir als Jesus, habe ich genau dieses gelehrt, kein Fleisch zu essen, euch zu reinigen mit der Fußwaschung, mit der göttlichen Gemeinschaft, mit der Liebe, und mit der Ehre von der Partnerschaft zwischen Mann und Frau, Frau und Frau, Mann und Mann.

Und das ist so wichtig, dass ihr den Kindern das wieder lehrt, dass die Kinder kein Fleisch brauchen, sondern dass die Kinder sich wundervoll entwickeln ohne die Information von Tod. Denn ihr habt die Information von Tod in euch, wenn ihr die Wesen, die göttlichen Kreationen zu euch nehmt, verspeist. Das ist eines der stärksten Hindernisse, das euch nicht frei werden und aus der Inkarnationsspirale herauskommen lässt.

Und deshalb fordert euch Jesus auf, wirklich diese Energie zu verbreiten, und mit Menschen in Kontakt zu gehen und sie zum Aufwachen zu bringen. Denn das was Jesus und alle damals gemacht haben, war auch, die Menschen zum Aufwachen zu bringen. Es war eine ähnliche Situation wie jetzt, in der ich, Jesus, gekommen bin. Doch die Erde war längst nicht so vermüllt und so verdreckt wie jetzt in dieser Zeit. Und ihr habt alles in der Hand, alles. Nehmt es an. Nehmt euch an und nehmt die Liebe an, diese bedingungslose Liebe und lasst euch führen.

Streichelt die Tiere, redet mit ihnen, sie reden mit euch schon so lange, dass ihr aufhören sollt, damit. Denn so lange auf der Erde so ein Tier-Gemetzel existiert, wird es immer Kriege geben, immer, immer. Und kommt wirklich aus der alten Energie heraus. Feiert euren Körper. Feiert euer Leben. Und nicht mit toter Energie. Feiert euer Leben mit Freude, mit der Vision, die Liebe auf eurem Planeten Erde zu verankern.

Ich sage es noch einmal, in der Inkarnation als Jesus war es für mich das Wichtigste, allen Lebewesen mit dem göttlichen Bewusstsein des Herzens zu begegnen. Und diese Geschichte mit den Broten und mit den Fischen, damit ist wirklich die unendliche Liebe gemeint, und nicht die Sättigung des Körpers durch Fisch und durch Brot. Wie langweilig. Und ihr habt alles in der Hand, alles. Und seid wirklich in Achtsamkeit mit Mutter Erde. Seid in Liebe mit Mutter Erde, denn sie ist genauso ein göttliches Lebewesen, eine göttliche Kreation wie ihr. Es ist so. Solange ihr tote Energie zu euch nehmt, hört die Spirale der Inkarnation nicht auf, und die Kriege auch nicht.

Jesus segnet euch für eine reine Energie, für ein reines Bewusstsein in eurem Gedankenfeld, für eine reine kraftvolle Lebensenergie und dass ihr wirklich aufwacht und alles verändert.

Karsamstag, erstes Channeling

Lebt euren Aufstieg!

Wo zwei oder drei in meinem Namen versammelt sind, da bin ich mitten unter ihnen.

Meine geliebten Lichtgeschwister,

Jesus ist zu euch gekommen, um mit euch die Meisterschaft des Lebens zu manifestieren. Denn die Meisterschaft ist die Erkenntnis der Liebe. Und die Liebe schwingt immer und überall, wenn ihr es zulasst. Die Meisterschaft des Lebens bedeutet, verbunden zu sein in jedem Atemzug mit dem Herzen, verbunden zu sein, in jedem Atemzug mit der Liebe und mit der Leichtigkeit. Denn das, was ihr lebt, das, was ihr denkt, zieht ihr an. Das, was ihr denkt, kommt immer zu euch zurück.

Und der Kosmos, das intelligente Feld, vergisst nichts. Jeder Gedanke ist wie eine Seifenblase, die ihr aussendet, die in den Kosmos geht und dann irgendwann wieder zurückkommt und sich manifestiert.

So ist es auch, wenn ihr urteilt über Menschen, über Tiere, über Pflanzen. Wenn ihr euch selbst verurteilt, ist immer die Energie des Anderen präsent. Wenn ihr über jemanden sprecht, wenn ihr über jemanden etwas sagt, der nicht im Raum ist, so geht dieses Gesagte in sein Feld. Deshalb ist es so wichtig, achtsam zu sein mit euren Worten, achtsam zu sein mit euren Gedanken.

Man weiß nicht, was schärfer ist, die Gedanken oder das Wort.

Beides kann zu scharfen Schwertern werden, aber auch zu Liebe und zu Leichtigkeit.

Deshalb ist es so wichtig, dass ihr wieder lebt, dass ihr wieder klar werdet in euren Gedanken und klar werdet in eurer Ernährung. Denn alles, was ihr zu euch nehmt, hat eine Information. Und wenn ihr euch für das Leben entscheidet, wird sich auch eure Ernährung umstellen. Dann werdet ihr viel bewusster die Nahrung aufnehmen und euch viel bewusster werden über das, was ihr esst. Dann habt ihr auch viel schneller ein Sättigungsgefühl und könnt viel bewusster die Nahrung aufnehmen.

Das ist so wichtig, dass ihr euch immer mehr bewusst werdet, wie das Außen euch lenkt und wie ihr euch vom Außen lenken lasst. Doch wenn ihr die innere Stabilität habt, kann euch das Außen nichts mehr. Dann seid ihr in euch präsent, und seid da und lebt eure Kraft und eure Vision.

So viele machen ihr Leben abhängig vom Fernsehprogramm, von so unwichtigen Terminen. Das ist das Außen, weil sie ihr Innen verloren haben, vermüllt haben. Doch wenn ihr reinen Herzens auf Mutter Erde wandelt, kann euch das Außen nichts mehr und ihr habt immer den Schutz. Und dann seid ihr klar in jeder Situation.

Politiker, nicht alle Politiker, aber die, die an der Macht am obersten stehen, haben den Schutz durch Kontakt zu anderen Wesen. Sie haben die Power und die Kraft durch die Verbindung zu anderen Wesen, und auch zu Wesen von anderen Planeten. Doch das ist der falsche Weg, die Seele zu verkaufen für Macht, die Macht abzugeben.

Wenn ihr reinen Herzens auf Mutter Erde wandelt, werdet ihr alles durchschauen, alles, dann werdet ihr wirklich reinen Herzens jedem Lebewesen begegnen und es öffnet sich für jedes Lebewesen eine Tür, für jedes Lebewesen. Immer.

Und deshalb lasst euch nicht mehr abbringen von eurem Weg. Lasst euch nicht mehr in die alten Fallen locken, die das Leben der Anderen für euch bereithält. Lasst das nicht mehr zu. Sondern geht reinen Herzens, reinen Bewusstseins euren Weg. Und schenkt jedem Lebewesen die Aufmerksamkeit. Das ist Heilung und das ist Bewusstsein in der göttlichen Gemeinschaft.

Lasst eure tiefe Liebe wieder fließen. Es gibt so viele Mechanismen die das verhindern wollen. Die Ernährung, die Unterhaltung. UNTERhaltung bedeutet, sie wollen euch UNTEN halten, nicht aufsteigen lassen. Und das ist so wichtig, dass ihr das endlich begreift, wie viele Fallen euch im Leben gestellt werden, damit ihr immer wieder in die Vergangenheit hineinrutscht. Das Fernsehen kann euch nur unten halten. Die Medien können euch nur unten halten, nicht aufsteigen lassen. Unten halten ist aufhalten.

Und das ist so wichtig, dass ihr das endlich begreift, wie sehr euer Leben im Außen gesteuert ist. Wie sehr euer Leben nicht mehr in euch stattfindet, sondern im Außen. Und dadurch seid ihr manipulierbar, seid ihr angreifbar.

Doch wenn ihr in euch seid, reinen Herzens, dann kann euch niemand mehr unten halten und aufhalten. Dann seid ihr weit, weit davon entfernt. Und das ist so eine tiefe Liebe, die euch zuteil wird, wenn ihr im Innen die Kraft lebt und euch gar nicht mehr abhängig macht, von nichts mehr abhängig. Denn ihr seid alle der göttliche Juwel. Doch durch den Verstand und die Kontrolle ist dieser Juwel abhanden gekommen. Durch die Kontrolle über das Leben, durch die Kontrolle über euren Körper, durch die Kontrolle in eurem Leben. Doch wenn ihr das endlich lasst, ist die Freiheit da, ist das Licht da und ihr geht auf eine großartige Reise zu euch selbst.

Jesus liebt euch unermesslich. Seid wach, seid bereit und lebt den Aufstieg, lebt euren Aufstieg. Lebt nicht den Abstieg, der euch immer vorgelogen wird.

Jesus ist mit euch alle Zeit.

Channeling in der Nacht zum Ostersonntag

Am Anfang steht die Selbstliebe

Wo zwei oder drei in meinem Namen versammelt sind, da bin ich mitten unter ihnen.

Meine geliebten Lichtfreunde,

Jesus ist in dieser Nacht zu euch gekommen, um mit euch das Leben zu feiern, um mit euch die Schönheit zu feiern eures Körpers, eurer Seele, um mit euch die Schönheit eurer Liebe zu feiern.

Denn Liebe ist die größte Kraft, die ihr auf Mutter Erde habt. Und es ist ganz wichtig, dass die unendliche Liebe, die in dieser Zeit für euch frei geworden ist, integriert wird in eurem Leben. Lebt Stabilität und Hingabe zu jedem Lebewesen.

Die Osternacht, ein Fest der Liebe, ein Fest der Freude, ein Fest der Unendlichkeit in jedem Atemzug. Und lasst euch mehr auf diese Energie ein, um ganz zu werden. Und sagt statt: „Frohe Ostern", „Ich liebe mich und ich liebe dich", damit ihr wirklich eins werdet mit jedem Lebewesen und die Kraft mit jedem Lebewesen erfahren könnt, die Verbindung erfahren könnt.

Doch bevor ihr „Ich liebe dich" sagt, ist es ganz wichtig euch selbst zu lieben. „Ich liebe mich". Und dann könnt ihr erst sagen: „Ich liebe dich". Sonst ist es falsch. Sonst ist ein Ungleichgewicht da, energetisch. Wenn ihr nur sagt: „Ich liebe dich", und euch gar nicht liebt, zieht ihr Energie ab. Doch wenn ihr euch liebt, könnt ihr jeden Menschen mit Liebe überschütten.

Doch zuerst seid ihr dran. Und das ist ganz wichtig in dieser Nacht, in der Jesus zu euch gekommen ist, um mit euch zu feiern.

Egal wie man mich bezeichnet hat, es geht um die Selbstliebe. Es geht um die Selbstachtung. Und ihr seht, wohin Manipulation führt. Ihr seht, was aus Manipulation in dieser Zeit geworden ist. Alles fliegt aus der göttlichen Ordnung durch Manipulation und durch die falsche Liebe.

Auch in den Partnerschaften ist es sehr wichtig, immer euch zu lieben. Jesus und Maria Magdalena war es sehr wichtig, wenn wir uns begegnet sind, aus der inneren Liebe heraus zu kommunizieren, uns aus der inneren Liebe heraus zu begegnen. Und nicht: „Ich liebe dich, weil ich dich brauche".

Nutzt dieses Osterfest in euren Familien, um ganz genau zu schauen, wo brauche ich noch was? Und lasst das los, damit ihr wirklich absolut, in absoluter Freiheit sagen könnt: „Ich liebe mich und ich liebe dich". Und die Familien sind immer ein absoluter Spiegel, dass ihr wirklich bei euch ankommt.

Nutzt diese Energie, die Jesus euch in dieser Nacht zuteil werden lässt.

Maria Magdalena und Jesus haben viel darüber gelehrt, über die Partnerschaft, über die befreite Partnerschaft, und nicht über die Energie des Wollens, nicht über die Energie des Brauchens. Das ist keine Liebe. Und lasst euch bedingungslos ein auf das Neue, auf die neue Reise zu euch selbst, mit euch zu leben, mit euch zu lieben, mit euch selbst zu sein.

So viele Menschen haben sich verloren, weil sie sich gar nicht mehr lieben und nicht mehr kennen. Und durch die ‚gute' Unterhaltung können sie erst gar nicht sich selbst kennen lernen.

Und deshalb wacht auf. Entdeckt euch, entdeckt die Liebe, entdeckt die Schönheit, jetzt in diesem Augenblick. Werft alle Schleier ins Feuer, um wirklich euch selbst zu lieben, um „JA!" zu sagen zu jeder Zelle eures Körpers.

So viele Krankheiten entstehen, weil ihr Menschen nicht mehr „Ja!" sagt zu euch, weil ihr euch verloren habt, weil ihr dieses „Ich liebe mich" nicht mehr kennt. Doch das war Jesus das Wichtigste auf der Erde, dass sich jeder Mensch selbst liebt, bevor er sagen kann: „Ich liebe dich, Jesus". Das geht gar nicht.

Wenn ihr mich braucht, liebt ihr mich nicht. Dann könnt ihr mich gar nicht lieben. Ich brauche euch nicht. Und ihr braucht mich nicht. Ich gebe euch den Schlüssel zu eurer Liebe und dann bin ich bei euch im Herzen. Nicht über den Verstand, über das Herz ist unsere Begegnung. Nicht über den Verstand.

Der Verstand versteht die Worte, doch euer Herz versteht den Ausdruck meiner Liebe. Und das ist so wichtig, dass ihr das kapiert, dass ihr versteht, worum es geht, um die Herzensliebe.

Und wenn wir nicht so viel Liebe für euch empfinden würden, für euch selbst, für jedes Lebewesen auf Mutter Erde, wäre der Planet schon lange weg. Und es geht jetzt, in dieser Zeit, wirklich ums Ganze. Es geht um euer Leben auf Mutter Erde in Liebe, in Würde zu euch selbst und dann zu jedem Lebewesen.

Das hat Jesus schon damals gelehrt: Liebt euch selbst. So wie ihr euch liebt, könnt ihr andere lieben. Nicht umgekehrt. „Ich liebe dich und dann liebst du mich". Das ist der falsche Weg. Und das führt zu dem Chaos, das ihr jetzt auf Mutter Erde habt. Dieses Brauchen. Und deshalb nutzt diese Zeit der Veränderung. Nutzt diese Zeit, wo das Chaos noch viel größer wird, um euch zu durchlichten, um euch wirklich in Liebe zu begegnen, und ihr seid aus dem Chaos draußen.

Deshalb feiert euch in jedem Atemzug, nicht nur in dieser Nacht, in dieser Osternacht. Feiert euch in jedem Atemzug. Gebt euch die Liebe zu euch selbst. Und dann habt ihr keine Angst vor dem Fegefeuer, das es sowieso nicht gibt. Dann habt ihr keine Angst vor der Schuld, sondern seid in jedem Atemzug voller Liebe präsent.

Und ihr braucht keine Spielchen mehr, sondern geht bewusst mit eurem Körper, mit eurer Seele um. Und lasst wirklich die Energie der Liebe fließen. Und dann seid ihr auch wach. Dann seid ihr nicht mehr müde. Dann seid ihr wach und klar und gesund. Solange ihr irgendjemanden braucht, ist es die falsche Liebe.

Lasst den Stern leuchten für euch und lasst wirklich die Kraft von „Ich liebe mich" in jedem Atemzug präsent sein. Dann gibt es keine Lebensfallen mehr. Mit Liebe könnt ihr alles bewegen. Alles. Und mit Liebe könnt ihr jeden erreichen, denn die Seele ist Liebe.

Keine Seele bringt das Böse mit. Keine Seele von keinem Menschen bringt das Böse mit. Das kennt die Seele nicht. Das ist der Körper und der Verstand, die das Böse kreieren. Doch keine Seele bringt irgendetwas Böses mit. Das ist sehr wichtig, dass ihr das aus eurem Verstand heraus bekommt. Und wenn ihr Liebe sendet an Menschen, dann erreicht diese Liebe auch den Menschen, wenn ihr euch liebt. Wenn ihr euch nicht liebt, dann könnt ihr auch nichts bewirken. Doch jede Seele hat den göttlichen Juwel in sich. Jede Seele. Jede Tierseele, jede Pflanzenseele, jede Menschenseele. Und dass ihr das wieder anerkennt. Dass ihr das wieder lebt und dass ihr das wieder manifestiert in eurem Leben, dass jede Seele erst aus dem Göttlichen kommt und dann vergisst der Verstand und der Körper vergisst diesen göttlichen Juwel.

Bleibt immer in dieser Präsenz, dass jede Seele in der Göttlichkeit ist. Dann erreicht ihr alles. Und für uns ist jede Seele gleich. Durch den Körper gibt es die Macht und die Gier und die ganzen Gefühle. Doch die Seele kennt dies nicht. Deshalb, wenn ihr euch liebt, seid ihr im Einklang mit dem göttlichen Juwel, seid ihr im Einklang mit eurer Seele. Was gibt es Schöneres als das? Nichts. Dieser Einklang ist die göttliche Musik, dieser Einklang ist die Beendigung aus dem Rad der Inkarnationen.

Was müsst ihr dafür tun? Einfach die Liebe auf euch richten und die Liebe im Leben ausrichten auf euch und auf jedes Lebewesen, um wirklich auszusteigen. Und ihr habt in jedem Leben diese Möglichkeit, in jedem Leben. Immer. Sagt wirklich ganz bewusst in dieser Zeit des Erwachens: „Ich liebe mich und ich liebe dich".

Jesus segnet euch mit der Hingabe und mit der tiefen Liebe.

Und ihr seid euch immer am nächsten, immer. Lauft nicht

mehr vor euch weg. Seid im Herzen präsent in jedem Atemzug. Verbindet euch mit der unendlichen Liebe in eurem Herzen und in jeder Zelle. Das ist die Formel für ein immer junges, glückliches Leben durch alle Gezeiten hindurch.

Jesus liebt euch, weil Jesus ist der Meister der Liebe, der Meister des Herzens, der Meister, der alle Elemente beherrscht, alle. Wenn ihr Wind braucht, macht Jesus Wind. Das ist die Meisterschaft.

Jesus möchte euch nun zeigen, was möglich ist mit den Kräften der Liebe. Mit den Kräften der Liebe könnt ihr alles beherrschen: Das Feuer, die Luft, den Wind, das Wasser, alles. Seid euch dessen immer bewusst. Immer. Und das ist die Kraft der Liebe.

Draußen beginnt es heftig zu stürmen.

Wir können den Wind jetzt wieder anhalten. Ist es bei euch allen angekommen? Bei euch allen? Das ist die Kraft: Ich liebe mich. Herrscher der Elemente zu sein. Jegliche Energie außer Kraft setzen zu können oder zu aktivieren.

Jetzt lassen wir wieder die Wärme zu. Seid euch dessen immer bewusst: Die Liebe ist die stärkste Kraft. Jesus liebt euch unermesslich, damit ihr euch liebt.

Channeling am Ostersonntag

Einweihung in das Dreieck des Lebens

Wo zwei oder drei in meinem Namen versammelt sind, da bin ich dort, da bin ich da.

Wo jedes Lebewesen zu sich zurück kehrt und bei sich anfängt und sich selber liebt, da ist die Begegnung mit Jesus am stärksten. Da ziehe ich in die Herzen ein, wenn ihr sagt: „Ich liebe mich". Da ist die Präsenz der allumfassenden Liebe da.

Und Jesus möchte nochmals eure Herzen reinigen, eure Gedanken reinigen, dass die Ängste gehen und dass ihr wirklich in absoluter Freiheit, in absoluter Schönheit diese Tage der Liebe, diese Tage der Selbstliebe verbringen könnt. Mit euch, mit euren Familien, mit euren Kindern, einfach mit der Kraft: "Ich liebe mich".

Dieses will Jesus nochmals besiegeln mit dem Feuer. Dass ihr nochmals gereinigt werdet, eure Gedanken gereinigt werden, eure Herzen. Dass ihr wirklich auf euer Herz hört und nicht auf euren Verstand. Denn der Verstand versucht immer wieder alles zu kontrollieren. Er versucht, die Liebe in sehr abgeschwächter Form zu euch zu lassen. Doch dieser Verstand wurde ja gemacht. Der Geist ist rein und der Körper ist rein. Das Fleisch ist rein.

Nur wenn ihr Fleisch esst, seid ihr nicht rein. Doch wenn ihr wundervoll in Verbundenheit mit eurem Geist seid, mit eurer Erinnerung an eure Lebensvision, die Liebe zu aktivieren, die Liebe zu manifestieren, dann entsteht diese kraftvolle Energie der Schönheit und der Liebe.

Und wie ihr gerade gemerkt habt, ist Jesus Herr über die Elemente und kann alle irdischen Gesetzmäßigkeiten außer Kraft setzen, um die Kraft der Elemente zu besänftigen oder auch zu verstärken. Doch meistens brauchen wir die Kräfte, um die Elemente zu besänftigen bei euch auf der Erde.

Die Teilnehmer sitzen mit Jesus im Tipi. In der Mitte brennt ein wärmendes Feuer.

Dieses Feuer ist verbunden mit der Kraft und mit dem Feuer aus der Höhle, in der Jesus seinen Körper mitgenommen hat. Und es reinigt euch, es stärkt euch in eurer Liebe und bringt eure Herzen wieder zum Fließen, damit ihr in eurer Freiheit ganz aufgehen könnt, und damit ihr in eurem Lebenswerk die Selbstliebe wieder in jeder Zelle verankern könnt.

Und Jesus möchte euch jetzt wieder verbinden mit der Kraft, mit eurer Selbstliebe, und mit eurer Vision, mit eurer Lebensvision, die Liebe in euch, in jeder Situation zu verankern.

Jesus materialisiert ein rotes, duftendes Öl, das aus seinen Händen fließt. Die Kursteilnehmer setzen sich abwechselnd vor Jesus, der ihnen mit dem Öl ein Dreieck auf die Stirn zeichnet.

Hierfür benutzen wir wieder das Feuer auf eurer Stirn, um wirklich euch zum Leben zu bringen. Dieses Dreieck, das ihr auf euer drittes Auge bekommt, ist das Dreieck des Lebens. Die Pyramide des Lebens, die Kraft des Lebens. Dass ihr euch daran erinnert, an diese Zeit, um eure Lebensvision wieder zu leben und die Kraft der Vergebung. Dass ihr euch immer vor euch selbst verneigen könnt, dafür steht das Dreieck auch. Dass ihr euch selbst am nächsten seid, und dass ihr an euch glaubt, dass ihr an eure Seele und an eure Göttlichkeit glaubt und diese lebt. Denn jede Seele hat den göttlichen Funken, den göttlichen Juwel mitgebracht, jede Seele. In jedem Tier, in jeder Pflanze, in jedem Menschen. Vertraue!

Das Gesetz der Liebe ist das Gesetz der Freiheit. Liebe hält niemals fest, Liebe lässt immer los. Und Liebe ist bedingungslos. Liebe stellt niemals Bedingungen. Das Dreieck symbolisiert Unendlichkeit. Ihr kommt aus der Unendlichkeit und ihr seid unendlich auf Mutter Erde und geht in die Unendlichkeit, immer. Ihr alle kommt aus der Unendlichkeit. Doch das ist nur möglich, wenn ihr diese Liebe aus dem Herzen lebt und nicht aus dem Verstand. Dann könnt ihr die Unendlichkeit wieder erfahren.

Unendlichkeit bedeutet auch, keine Anhaftung zu haben. Dieses Dreieck symbolisiert den Kosmos. Der Kosmos verbindet sich mit der Erde. Dieses Dreieck ist die Erinnerung eurer Seele. Dieses Dreieck ist die Erinnerung, das Leben ohne Bedingungen zu leben. Dieses Dreieck symbolisiert die Offenheit zum Leben, die Offenheit zur göttlichen Quelle und zur grenzenlosen Freiheit im Körper. Dieses Symbol des Dreiecks ist die Verbindung zu der göttlichen Familie und zur Liebe der göttlichen Familie, bedingungslos zu lieben, bedingungslos in der Einheit zu sein.

Ihr seid aus der Unendlichkeit geboren, aus der tiefen Liebe, aus der Schönheit. Eure Seele ist immer voll mit Liebe, immer, für euch selbst. Immer. Ihr seid das Leben. Ihr seid die

Entwicklung des Lebens. Und ihr seid der Beginn des neuen Bewusstseins.

Jesus liebt euch unermesslich dafür, dass ihr euch auf den Weg macht, dass ihr euch einlasst, und dass ihr ganz werdet, ganz werdet, ganz werdet. Dann lösen sich alle Krankheiten auf, wenn ihr die Gesundheit wieder manifestiert in eurem Leben, und wenn die Seele und die bedingungslose Liebe in jeder Zelle eures Körpers wieder eins sind.

Lichtkörperprozess mit Natara

LICHTKÖRPERPROZESS-Intensiv
1. – 12. Chakra, 13. - 24. Chakra und 25. - 36. Chakra

Beim Lichtkörperprozess (LKP) vertikalisiert die geistige Welt innerhalb von sieben bis zehn Tagen zwölf Chakren. Dies ist mit einer tiefgreifenden Reinigung verbunden, die bis in vergangene Leben reicht. Menschen, die sich dem LKP öffnen, gewinnen an Konzentrations- und Manifestationskraft. Es fällt leichter, in der eigenen Mitte zu bleiben und den Anschluss an die göttliche Quelle wahrzunehmen.

Termine:

LKP 1 – 12: Di., 28.6., 10 Uhr – So., 3.7.2011, 17 Uhr
LKP 13 – 24: Mo., 28.11., 10 Uhr – Fr., 2.12.2011, 17 Uhr
Ort: München
Preis: 990,00 Euro

LKP 25 – 36: Mo., 12.3., 10 Uhr – Mi., 21.3.2012, 17 Uhr
Ort: Bio-Seminarhotel Lebensquelle, Fulda
Preis: 1800,00 Euro

Kontakt und Anmeldung:

Kamasha Therapie- und Ausbildungsinstitut
Kamasha GmbH & Co. KG, Dietershaner Str. 29, 36039 Fulda
Tel.: 06 61 - 38 00 02 38, tai@online.de, www.kamasha.de

Adressen von Lichtkörperprozess-Trainern, die nach Natara ausgebildet wurden

Deutschland

Fuchs, Pavany Carmen und Zilles, Elior Walter
Schützenweg 9
D-97286 Winterhausen
Tel.: +49(0)9333 - 22 24 34
E-mail: elior@lichtkörperprozess.com
Web: www.lichtkörperprozess.com

Lebens-Wege-Zentrum
Praxis für Psycho-Kinesiologie
Hochrein, Padma Ellen
Dipperzer Str. 17
D-36093 Künzell-Wissels bei Fulda
Tel.: +49(0)661 - 60 48 58
Fax: +49(0)661 - 60 48 58
E-mail: pehochrein@gmx.de
Web: www.lebens-wege-zentrum.de

Yanula Eva Maria Fox
Joseph-Haas Weg 10
D-81243 München
Tel.: +49(0)89 - 83 44 79 4, 01 75 - 90 33 78 0
E-mail: eva-maria.fox@gmx.de

Es geht ums Herz
Margraf, Olaf, M.L.E.
Systemtherapeut, Mediator und Rechtsanwalt
Berliner Allee 12 A
D-30175 Hannover
Tel.: +49(0)511 - 34 33 83

Fax: +49(0)511 - 31 24 94
E-mail: info@es-geht-ums-herz.de
Web: www.es-geht-ums-herz.de

Lichthaus Cadolzburg, Praxis für Heilkundliche
Psychotherapie und Neues Bewusstsein
Moezer, Svaramy Doris
Obere Bahnhofstr. 25
D-90556 Cadolzburg
Raum Nürnbeg/Fürth/Erlangen
Tel.: +49(0)9103 - 26 93
Fax: +49(0)9103 - 71 96 70
E-mail: lichthaus.cadolzburg@t-online
Web: www.lichthaus-cadolzburg.de

Ramanee
Nöhbauer, Karl-Heinz
Lerchenstrasse 18
D-84307 Eggenfelden
Tel.: +49(0)8721 - 12 74 787
Mobil: 01 76 - 54 84 12 90
E-mail: ramanee@t-online.de
Web: www.ramanee.de

Raslan, Dr. Adriana (Vayanara)
Großenbacher Str. 52
D-36088 Hünfeld
Tel.: +49(0)6652 - 79 46 40
E-mail: dr-adriana-raslan@t-online.de
Web: www.dr-adriana-raslan.de

Rickens, Yasratee y-Lan
Hamburg
Tel.: 01 76 - 70 17 84 23
E-mail: yasratee@pflanzlicht.com

Web: www.pflanzlicht.com

Scheer, Luna'Him Dörte
Utbremer Ring 4
D-28215 Bremen
Tel.: +49(0)421 - 25 53 50
E-mail: doerte.scheer@gmx.de
Web: www.heilerin-in-bremen.de

Schiffert, Petra
Hauptstrasse 15a
D-97255 Gelchsheim
Tel.: +49(0)9335 - 99 87 97
E-mail: petra@lichtkörperprozess.com
Web: www.lichtkörperprozess.com

Ashtaly - Zentrum für innere Leichtigkeit
Schmid, Sansiris Heike Maria
Alpenblickstr. 11
D-83026 Rosenheim
Tel.: +49(0)8031 - 79 72 51
Fax: +49(0)8031 - 26 98 33
E-mail: info@ashtaly.de
Web: www.ashtaly.de

Naturheilpraxis
Shivananda, Michaela, Heilpraktikerin
Steinhauser Weg 107
D-90453 Nürnberg
Tel.: +49(0)911 - 98 95 256
E-mail: shivananda@t-online.de
Web: www.lathana.de

Anyama Sylvia Thomas
Heimstättenstr. 45
D-39365 Eilsleben
Tel.: +49(0)39409 - 93 38 85
E-mail: mail@anyama.de
Web: www.anyama.de

Schweiz

OASE
Babics, Istvan
Reckholderweg 18A
CH-3645 Gwatt (Thun)
Tel.: +41(0)33 - 243 00 49
E-mail: istvan.babics@gmx.net
Web: www.oase-der-heilung.net

Clopath, Alla Ramanee
Lenzburgerstrasse 42
CH-5507 Mellingen
Tel.: +41(0)76 - 47 09 101
Fax: +41(0)56 - 49 10 732
E-mail: bugini@hispeed.ch

Lichtquelle
Zumbühl, Monika
Gotthardstrasse 70
CH-6438 Jbach
Tel.: +41(0)78 - 78 11 552, +41(0)41 - 81 00 291

Chakren-Übersicht

Auf den folgenden Seiten haben wir für euch eine Übersicht über die 24 Chakren zusammengestellt.

Chakren sind Energie-und Bewusstseinszentren, die sich in der menschlichen Aura zeigen. Sie durchstrahlen den Körper und beeinflussen Organfunktionen, Kreislauf, Hormontätigkeit, Emotionen und Gedanken.

Nicht nur Menschen haben Chakren, sondern jeder lebende Organismus und somit auch die Erde. Auf der letzten Seite befindet sich eine Übersicht der aktuellen Erd-Chakren.

Chakra	Farbe	Krafttier	Stein	Thema	Mantra	Heilschwin-gungszahl
1	Tiefes Rot	Schlange	Rubin	Erdung	Aravi	911
2	Tiefes Grün	Schmetterling	Smaragd	Empfängnis	Ralaya	999
3	Gold	Schwarzer Panther	Citrin	Emotionen	Karana	111
4	Helles Blau	Delphin	Obsidan	Herzensliebe	Amrila	873
5	Warmes Gelb	Seepferdchen	Sonnenstein	Kommunika-tionsfluss	Amyaka	963
6	Königsblau	Wal	Lapislazuli	Intuition	Svahaya	279
7	Dunkel-Lila	Giraffe	Achat	Kosmische Reife	Varila	549
8	Helles Türkis	Krebs	Türkis	Ausdruck	Ashana	342
9	Himmelblau	Tiger	Larimar	Einheit	Talama	261
10	Dunkles Vio-lett	Elefant	Mondstein	Egoüberwin-dung	Malika	117
11	Dunkles Rot	Adler	Herkemer-Diamant	Angstüber-windung	Tayana	534
12	Silber	Wolf	Pyrit	Christusbe-wusstsein	Mayaka	309

Chakra	Farbe	Krafttier	Stein	Thema	Mantra	Heilschwingungszahl
13	Rubinrot	Panther	Rubin	Einlassen	Saikala	000
14	Weiß	Gecko	Bergkristall	Göttl. Licht	Mahyra	927
15	Klares Grün + klares Blau	Bär	Larimar	Botschaft des Lichts	Dayala	873
16	Rosa	Zebra	Chlorid	Göttl. Weg	Nytala	009
17	Hell-Violett	Reh	Feueropal	Göttl. Stille	Yashana	554
18	Silber	Eichhörnchen	Gold	Göttl. Leichtigkeit	Vashala	729
19	Dunkles Petrolgrün	Biene	Bernstein	Göttl. Liebe	Yamyatee	909
20	Ganz helles Violett	Ameise	Opal	Göttl. Vereinigung	Ambhurva	198
21	Ganz helles Rosa	Krokodil	Roter Saphir	Göttl. Gemeinschaft	Ashtary	891
22	Ganz helles Blau	Büffel	Rubin	Göttl. Vollkommenheit	Yunabee	162
23	Ganz helles Gelb	Nashorn	Bergkristall	Göttl. Selbst	Aruma	333
24	Ganz helles Gold	Grashüpfer	Diamant	Göttl. Vollendung	Ruyap	774

Erd-Chakra	Land
1	Neuseeland
2	Kanarische Inseln
3	Peru
4	Bali
5	Santa Fé
6	Hawaii
7	Bahamas
8	Brasilien
9	Schweiz
10	Thailand
11	Nepal
12	Indien
13	Australien
14	Japan
15	Russland
16	Südafrika
17	Grönland
18	Saudi-Arabien
19	Türkei
20	Portugal
21	Ägypten
22	Argentinien
23	Senegal
24	Deutschland

Weitere Ausbildungen und Kurse des Kamasha Therapie- und Ausbildungsinstituts

Ausbildung zur Geistigen Chirurgie mit Natara

Channelings mit Oronos ® „Meister aus dem Quantenfeld"

Die Ausbildung zur Geistigen Chirurgie bringt den Heiler in dir mit Quantensprüngen zum Vorschein. Danach bist du in der Lage, auf geistiger Ebene chirurgisch zu operieren und kannst selbständig „Tage der Geistheilung nach Natara ®" veranstalten.

Seit 2009 channelt Natara einen „Meister aus dem Quantenfeld" namens Oronos ®. Kraftvoll und direkt leitet Oronos ® zusammen mit anderen geistigen Helfern anhand von täglichen Channelings die Ausbildung zur Geistigen Chirurgie. Bis sein Auftrag auf der Erde in 2015 abgeschlossen ist, wird er viele Menschen zu Botschaftern der Heilung und Liebe ausgebildet haben.

Inhalt:
Heilen mit dem Quantenfeld
Aktivierung der göttlichen Matrix / Blaupause
Einweihung in die sieben Zeitlinien
Arbeit mit dem Zwölf-Stern-Tetraeder

u.v.m.

Termin:
3 Ausbildungsblöcke von jeweils 10 Tagen
31.8.-9.9.2010; 6.1.-14.1.2011; 8.8.-17.8.2011 alternativ:
20.8.-29.8.2012; 12.11.-21.11.2012; Modul III in 2013

Ort: Bio-Seminarhotel Lebensquelle, Fulda
Preis: 6300,00 Euro

Kontakt und Anmeldung:
Kamasha Therapie-und Ausbildungsinstitut
Tel.: 06 61 - 38 00 02 38, tai@online.de

Symbole & Mantren für den Aufstieg
Basiskurs

Das Buch

Das Arbeitsbuch „Symbole und Mantren für den Aufstieg" von Erzengel Michael gehört seit Jahren zu den beliebtesten Büchern des Kamasha Verlages. Es übermittelt das wertvolle Heilwissen von achtzehn Mantren und Symbolen, mit denen zahlreiche Menschen große Transformationen bewirkt haben.
Das Buch bildet die Grundlage für den Symbole & Mantren Basiskurs.

Das Seminar

Die medialen Heiler Irene und Roland wurden von Natara zu „Symbole und Mantren"-Trainern ausgebildet. Achtsam und wirkungsvoll zeigen sie den Teilnehmern, wie die achtzehn Symbole und Mantren praktisch im Alltag angewendet werden können, um beispielsweise Handy-Maste zu entstören, Schlafprobleme zu transformieren und Ängste aufzulösen.

Termine: 8.10.-10.10.2010; 4.3.-6.3.2011; 7.10.-10.10.2011
Ort: Bio-Seminarort Lebensquelle, Fulda
Preis: 225,00 Euro

Roland Spieker und Irene Welsing sind in energetischen Heilweisen ausgebildet und arbeiten als Transformationstrainer für ein neues Bewusstsein. Zusammen mit ihrem gemeinsamen Sohn und den Kindern von Irene leben sie als glückliche Patchwork-Familie im Allgäu.

Besuchen sie uns auch im Internet unter: www.kamasha.de/tai

Bücher des Kamasha Verlags

Ab Dez. 2010 im Handel

Natara

Jahresrückblick mit der geistigen Welt

Was wir aus 2010 für die Zukunft lernen können

ISBN: 978-3-936767-32-2

In 2010 hat Natara jeden Monat ein Audio-Channeling veröffentlicht, das von den Chancen und Herausforderungen der jeweiligen Zeitspanne handelt. Diese monatlichen Botschaften von Erzengel Michael, Jesus, Johannes und anderen Meistern besitzen auch in der Zukunft ihre Gültigkeit.Ein aufschlussreicher Rückblick, der bereit für die Zukunft macht.

Ab März 2011 im Handel

Sandra Heim

Stimmen eines neuen Bewusstseins

30 Persönlichkeiten im Interview über ihre inspirierenden Lebensprojekte

ISBN: 978-3-936767-33-9

Das Beste aus unserer ehemaligen Zeitschrift „Kamasha – Gute Nachrichten für ein erfülltes Leben“ - und noch mehr.

Die Journalistin Sandra Heim veröffentlicht die schönsten Interviews, die sie mit Persönlichkeiten wie Bärbel Mohr, Pierre Franckh, James Redfield, Uri Geller, Diana Cooper oder Chris Griscom über Themen wie „natürliche Geburt“, „die Kraft des Geistes“ oder „neue Bildung für Kinder“ geführt hat.

Natara

Gespräche mit Erzengel Michael, Band 7

ISBN 978-3-936767-06-3

In Band 7 der Bestseller-Reihe „Gespräche mit Erzengel Michael“ spricht Erzengel Michael unter anderem über die Entwicklung der Geldenergie, gibt eine Vorschau auf die gesellschaftlichen Veränderungen bis zum Jahr 2012 und informiert über die jetzt so wichtige Göttinnen-Kraft in jeder Frau.

Erzengel Michael bezeichnet Band 7 als Einweihungsbuch. Denn das Buch enthält viele praktische Techniken, Armutsgelübde, Schuldgefühle oder Blockaden im Fluss der Kundalini-Energie zu erlösen. Michael hilft uns, auf dem Weg zur göttlichen Vollendung vorwärts zu gehen, indem er uns dazu anleitet, den Kontakt zu unserem höheren Selbst wieder vollständig herzustellen.

Natara
Gespräche mit Erzengel Michael, Band 1-6

Band 1
ISBN: 978-3-936767-00-1

Themenauswahl: Bewusstsein vor der Geburt, Indigokinder, Karma, Sexualität und Liebe, der Aufstieg der Erde.

Band 2
ISBN: 978-3-936767-12-4

Themenauswahl: Religionen, die Kraft der Gedanken, Wasser - das kostbarste Gut der Erde, die dritte Botschaft von Fatima.

Band 3
ISBN: 978-3-936767-02-5

Themenauswahl: Die zehn Gebote - zehn Einweihungen, Babaji, Franz von Assisi, Bewusstsein der Tiere.

Band 4
ISBN: 978-3-936767-03-2

Themenauswahl: Samadhi, Seelenkraft, Klarheit, göttliche Vision, Achtsamkeit, Liebe, heilende Präsenz, Loslassen, Vertrauen, Vogelgrippe.

Band 5
ISBN: 978-3-936767-14-8

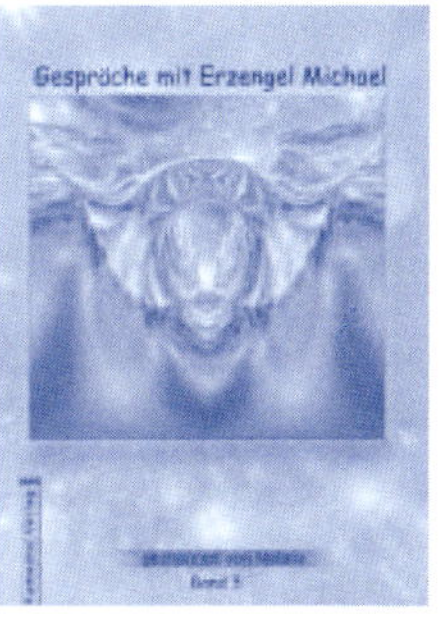

Themenauswahl: Engelsastrologie, Hildegard von Bingen, Lady Diana, Erzengel Raphael, Shiva, Shakti, Krishna, St. Germain Lady Gaya, El Morya, Erzengel Michael.

Band 6
ISBN: 978-3-936767-05-6

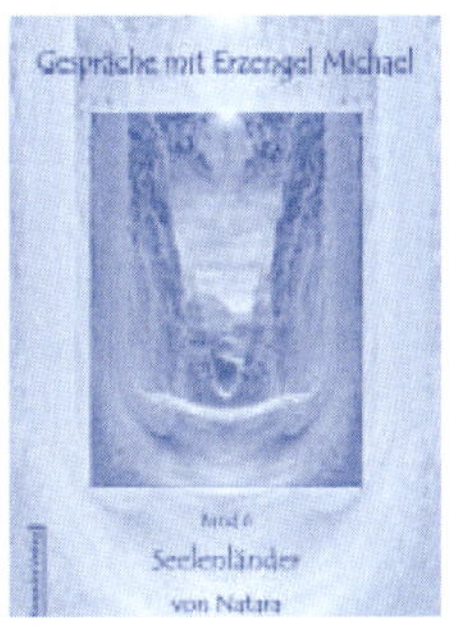

Themenauswahl: Die 7 Seelenländer: Orion, Plejaden, Sirius, Elfen- und Feenland, Regenbogen, Lemuria, Wal- und Delphinland.

Adriana Raslan
Heilende Berührung
Heilpunkte von Erzengel Chamuel
ISBN 978-3-936767-19-3

Unser Körper speichert alle Erlebnisse, auch wenn sie nicht mehr bewusst erinnert werden. Obwohl scheinbar nicht mehr wichtig, können uns solche eingeprägten Frequenzen in unserer Entwicklung sehr behindern. Die von Erzengel Chamuel durchgegebenen Heilpunkte für Mensch und Tier leiten heilende Liebesenergie der Engel durch den physischen und die feinstofflichen Körper und erlösen so alte emotionale Blockaden und Engramme.

„Eure Angst ist das größte Hindernis für die Liebe, das größte Hindernis für Transformation. Deshalb ist es so wichtig, eure Angst loszulassen, damit ihr euch für euch selbst öffnen könnt. Wenn ihr euch für euch selbst öffnet, könnt ihr euch auch für die Anderen öffnen, und dann ist kein Krieg mehr nötig.“

Erzengel Chamuel

Natara
Symbole und Mantren für den Aufstieg
ISBN 978-936767-3-13-1

Erzengel Michael gibt den Menschen für den Aufstieg der Erde und aller Lebewesen durch das Channelmedium Natara 18 Mantren und Symbole, die hier abgebildet und beschrieben sind. Alle mit spezifischen Wirkungen und Heilkräften. Das Buch ist mit einer Ringbuchspirale versehen, so dass mit den Mantren und Symbolen sehr gut gearbeitet werden kann.

Dieses Buch enthält die Weisheit, die dir hilft Ängste zu lösen. Ein Symbol hilft dir Frieden zu schließen. Ein anderes öffnet einen Lichtweg, so dass verstorbene Seelen ihren Weg ins Licht finden. Ein Mantra vereinfacht dir die telepathische Kommunikation, ein anderes hilft dir die Vergangenheit loszulassen, ein weiteres intensiviert den Kontakt zwischen dir und der Natur.

Renate & Eckhard Moog
Erkenntnis oder Leiden
ISBN 978-3-936767-11-7

Die zentrale Aufgabe im Leben ist es zu wachsen, das Bewusstsein zu erweitern und die Seele zu entfalten. Chronische Krankheiten drücken aus, dass ein anstehender Entwicklungsschritt noch nicht getan wurde.

Wenn wir uns dem inneren Heiler zuwenden, öffnen wir die Tür zur klärenden Erkenntnis. Wenn wir nicht auf die Signale von innen horchen wollen, erleben wir die Defizite unserer seelischen Entwicklung durch eine weitere Konfrontation mit Krankheiten und Leiden.

Die Texte sprechen direkt das Herz und den inneren Heiler an. Der Lesende kommt in seine eigene Kraft, wenn er die Botschaft der Eigenverantwortung annimmt.

Shantima Petra Sollgruber

Babajis Anleitung zum Glücklichsein

Lerne Dich selbst kennen mit all Deinen Facetten

ISBN 978-3-936767-26-1

Jeder von uns erlebt Höhen und Tiefen in seinem Leben. So auch die Autorin, die in einer Krise den göttlichen Ruf vernahm und sich für die Botschaften von Babaji öffnete.

In großer Klarheit und Einfachheit erläutert Babaji zentrale Themen des Lebens wie Transformation, Disziplin, Zweifel, Meditation, Vertrauen, Gastfreundschaft, Gelassenheit, innere Sammlung, Geduld, Erlösung von alten Ängsten, Ordnung, Glauben, dunkle Energien, Klang - Farbe - Licht – Form, Fülle und viele mehr. Das Leben wird leicht und glücklich für den, der dem Ruf folgt.

Alle Kamasha Produkte können unter den folgenden Adressen bezogen werden:

Kamasha Versandhandel GmbH (Deutschland)
Dietershaner Strasse 29, D-36039 Fulda
Tel.: +49(0) 661 - 38 00 02 40,
Fax: +49(0) 661 - 38 00 02 49
kamasha-versand@online.de
www.kamasha.de

Kamasha Versand Österreich
Marianne Buchegger
Postfach 6, A-7423 Pinkafeld
Tel.: +43-6642 - 52 28 40
kamasha@marianne-buchegger.at

Buchauslieferungen:

Brockhaus Commission (Deutschland)
Kreidlerstraße 9, D-70806 Kornwestheim
Tel.: +49(0)71 54 - 13 27 55
Fax: +49(0)71 54 - 13 27 13
d.haslbeck@brocom.de

Mohr Morawa Buchvertrieb GmbH (Österreich)
Sulzengasse 2, A-1230 Wien
Tel.: +43-1 - 68 01 40
Fax: +43-1 - 68 87 13 0
margot.neuhofer@mohrmorawa.at